슈퍼피셜
코리아

화려한 한국의

빈곤한 풍경

슈퍼피셜 코리아

SUPERFICIAL KOREA

신기욱 지음

문학동네

차례 S U P E R F I C

2부 실리콘밸리를 생동하게 만드는 정신

3부 다른 나라에서

프롤로그

2015년 가을, 다시 내 몸집만한 '이민 가방'을 끌고 인천공항에 내렸다. 가방 안엔 한국에서 사계절을 보내기 위해 챙긴 옷가지들과 간단한 살림살이가 들어 있었다. 그동안 학회 참석이나 연구차 한국에 수없이 드나들었지만 안식년을 맞아 8개월 동안 거주할 곳이라 생각하니 설렘과 긴장감이 동시에 몰려왔다. 1983년 미국으로 유학을 떠난 후 국내에서 이처럼 장기 체류한 건 처음이었다. 한국에서 나고 자랐지만 미국에서 30년 이상 살아오는 동안 나 스스로도 아직 생소하게 느껴지는 소위 재미교포가 되었다. 한국의 친척이나 지인들에게도 그동안 나는 외국에서 온 손님에 지나지 않았을 것이다.

한국에서 보낸 8개월이란 시간은 내게 많은 생각할 거리를 주었다. 외국인 아닌 외국인으로서 내가 한국 사회를 보고 경험하고 이해하는 데는 한계가 있을 수밖에 없겠지만, 그럼에도 '내가 본 한국'에 대한 이야기를 사람들과 나누고 싶었다. 내 시각의 한계가 오히려 새로운 관점이 될 수 있지 않을까 하는, 조금은 희망적인 생각에서였다. 똑같은 시각만으로는 창조적 발전을 이루기 어렵지 않은가.

지난 30여 년 동안 사회학자로서 미국 학계에서 한반도와 아시아를 연구해왔다. 그리고 기회가 있을 때마다 자주 한국에 들어와 시시때때로 변화하는 한국 사회를 보고 체험하면서 때로는 자랑스러움과 희망을, 때로는 안타까움과 절망을 느꼈다. 물론 한국을 가장 잘 아는 사람은 '지금' '여기' 한국에서 살아가고 있는 사람들일 것이다. 하지만 내겐 그간 한국을 떠나 있었기에 주어진 무지와 공백이란 행운이 있었다. 그 행운을 밑거름 삼아 새로운 토대 위에서 한국을 다시 보고 싶었다.

관찰자의 위치나 경험에 따라 관점과 시각의 차이가 있기 마련이니, 나는 한국인들에게 어느 정도 익숙한 워싱턴이나 뉴욕에서 바라보는 한국이 아닌, 내가 사는 실리콘밸리의 시각으로 한국을 바라보고 싶었다. 워싱턴이 정치의 중심지, 뉴욕이 최첨단 문화 도시라면 실리콘밸리는 자유와 두려움 없는 도전, 다양성으로 생동하는 스타트업 정신으로 충만한 곳이 아닌가.

재미 한인 학자의 입장에서 진보나 보수의 진영 논리에 매몰되지 않은, 조금 새로운 시각을 제안해보고 싶은 마음도 있었다. 주변에서 나의 정체성을 물어올 때마다 진담 반 농담 반으로 "안보·경제는 보수" "사회·문화는 진보"라고 대답하곤 하지만 속내는 그렇게 간단하지 않으니 말이다.

책을 쓰는 일 앞에서는 언제나 한없이 조심스러워진다. 하지만 그런 조심스러움보다 더 간절한 것이 바로 무엇이든 한번 이야기를 나눠보고 싶은 마음이었다. 내가 오랫동안 한국 사회에 대해 품고 있던 문제의식에는 여전히 돌파구가 필요했고, 한편으로는 나의 시각이 그 누군가에게는 도전의 계기가 될 수도, 희망의 단초가 될 수도 있다는 생각을 했다. 그런 여러 가지 긍정적인 가능성을 바라보며 이 책을 쓰기로 결심했다.

이 책은 내 개인적인 이야기를 담은 회고록이 아니다. 하지만 이 책에 나오는 사회적 이슈나 문제 제기, 그리고 담론에는 개인적 경험과 시각이 자연스레 묻어날 수밖에 없을 것이다. 그래서 본격적으로 이야기를 시작하기 전에 내 이야기를 짤막하게 하려고 한다.

대학교 새내기이던 1979년 가을, 박정희 대통령 피살 이후 80년 서울의 봄과 5·18 민주화운동을 겪으며 나는 대학생활 중 상당 부분을 강의실이 아닌 거리에서 데모하며 보냈다. 사회학을 전공하게 된 계기도 사회 변혁에 대한 막연한 기대감 같은 것 때문이었다. 그렇지만 본격적으로 운동권에 뛰어들 용기는 없었다.

격정과 혼돈의 대학생활을 마치며 풀리지 않는 답답함과 지적 갈

증에 시달리던 중 결심한 것이 미국 유학이었다. 당시의 우울한 사회 정치적 상황을 억지로라도 외면하고 공부에 깊이 매달리고 싶은 마음이 커서였는지, "그래도 석사 학위는 마치고 가는 것이 나중에 한국에서 교수 자리를 잡는 데 유리하지 않겠냐"는 선배들의 조언을 뿌리치고 미련 없이 미국행 비행기에 올랐다. 당시 대부분의 유학생들이 그랬듯 나 역시 박사 학위를 마치면 한국으로 돌아와 대학 강단에 설 생각이었다. 30여 년이 지난 지금 스탠퍼드라는 미국 최고의 명문대학에서 교편을 잡고 있다는 것이 나에게는 엄청난 영예와 행운이지만, 이렇게 오랜 세월 동안 한국을 떠나 있을 것이라고는 당시로선 상상도 하지 못했다.

더구나 미국에서 아시아, 그것도 한국을 공부하는 학자가 되리라곤 더더욱 생각지 못했다. 전공이 사회학이었으니 사회학 이론이나 방법론을 잘 배워서 돌아오겠다는 다소 막연한 생각으로 시작한 유학 생활이었다. 그런데 외국에 가면 비로소 애국자가 된다는 게 이런 의미인가. 미국에서 역사, 비교사회학을 공부할수록 한국에 대한 연구가 주변국들에 비해 너무 부족하다는 것이 늘 안타까웠다. 그렇지만 어렵게 미국까지 유학 와서 굳이 한국을 공부한다는 것이 처음엔 썩 내키지 않았다. 내가 잘할 수 있는 분야라는 자신감보다는 왠지 모를 망설임이 컸다. 하지만 한국을 학문적으로 들여다볼수록 내가 몰랐던 것이나 잘못 알고 있던 것이 많음에 놀랐고, 더 깊이 공부해보고 싶은 지적 호기심이 일면서 점점 일종의 사명감마저 생겼다.

학위를 마칠 무렵이 되니 졸업하고 예정대로 한국으로 돌아가야겠다는 생각이 컸지만, 동시에 미국 대학 교수직에 지원하는 미국 동료들을 보며 "나도 한번 해볼까" 하는 일종의 호기심 내지 도전심이 발동했다. 미국 학계에서 내 경쟁력을 테스트해보고 싶은 마음도 있었다. 그렇지만 솔직히 큰 기대는 하지 않았다. 영어가 유창하지도 않은 유학생 출신이 이공계도 아니고 문과에서, 그것도 한국을 전공한 역사사회학자로 미국 대학에 자리잡는다는 것은 지금도 그렇지만 당시에는 매우 어려운 일이었다. 운이었는지 운명이었는지, 다행히 아이오와 주립대학에 조교수로 채용되었다. 당시 아이오와 대학에서 사회과학 분야의 아시아 전문가를 찾고 있었는데, 마침 내가 그 기회를 잡은 것이었다. 처음엔 주저했지만 결국 사회학자로서 한국을 전공한 덕을 톡톡히 본 셈이었다.

그때까지 아이오와라는 곳에는 가본 적도 없고 그저 중부 어디쯤에 있다는 것 외에는 아는 바가 전혀 없었다. 나중에 알고 보니 아이오와는 지리적으로 미국 중심부에 있을 뿐 아니라 문화적으로도 미국의 전통 가치를 지켜가고 있다는 자부심이 충만한 곳이었다. 그래서 미국의 '하트랜드'로 불리며 미국 대선의 풍향계 역할을 하는 곳이란 사실도 알게 됐다. 지금이라면 인터넷 검색 한 번으로 내가 일하게 될 학과 건물에 주변 식당들까지 다 들여다봤겠지만, 그땐 그러지 못해 아마도 전혀 모르는 미래에 대한 설렘과 두근거림이

배가되지 않았나 싶다.

아이오와는 날씨가 매우 춥고 지도상으로는 미국의 중심부에 있지만 주위가 농촌 지역이어서 그런지 고립된 느낌이 들기도 했다. 하지만 아이오와 대학에서의 생활은 비교적 만족스러웠다. 어차피 미국에서의 조교수 생활은 연구와 강의로 눈코 뜰 새 없이 바쁜데, 다른 재미난 일들이 없었던 만큼 일에 집중할 시간이 많았고, 학교에는 도서관 등 연구 시설이 잘 갖춰져 있어 한창 성장해야 할 학자에게는 더없이 만족스러운 환경이었다.

아이오와로 온 지 2년 조금 넘었을 때 캘리포니아 대학UCLA으로부터 연락을 받았다. 한국학 프로그램을 확장하려고 하는데 사회과학 분야 교수가 필요하다며 제안해온 것이었다. 당시는 한국국제교류재단Korea Foundation이 설립되어 미국 내 유수 대학에 한국학 교수직을 지원하면서 한국학이 막 발전하던 시기였다. 불과 몇 년 전 대학원에서 공부할 때만 해도 미국 사회학계에서 한국 전공으로 자리잡는다는 것은 무모한 도전이었는데, 어느새 그런 선택이 오히려 기회가 되었다.

하지만 LA로 간다는 건 약간의 결심이 필요한 일이었다. 당시 네 명의 한인을 포함해 쉰일곱 명의 사망자를 낸 1994년 노스리지 지진과, 한국계 이민자들이 주요 타깃이 되었던 1992년 흑인 폭동으로 미국뿐 아니라 한국에서도 LA에 대한 인상이 별로 좋지 않았고, 실제로도 도시 분위기가 뒤숭숭했다. 하지만 그런 때일수록 내 특유의 조금 어이없는 낙천성과 유머로 마음의 여유를 확보했다. 문득 겁이 날라치면 '지진이 난 지 얼마 안 됐으니 다음 지진까지 적어도 20년은 더 걸리지 않을까' 하고 생각했다. 또 흑인 폭동으로 LA 한인 사회가 힘든 시기인 만큼 내가 뭔가 기여할 일이 있지 않을까 하는 생각도 했다. 그렇게 최대한 희망적인 생각들로 머릿속을 채운 뒤 기대감을 안고 1994년 가을, LA에 도착했다. 그래도 여전히 조금만 더 경험을 쌓고 한국으로 돌아가겠다는 생각엔 변함이 없었다.

UCLA에서의 생활도 만족스러웠다. 한국과 아시아 관련 수업을 할 때면 강의실을 가득 채운 학생들로 힘이 났고, 모국이 그리울 때면 가까운 코리아타운에 가서 맛있는 한국 음식을 먹을 수 있는 것도 큰 즐거움이었다. 영화 〈라라랜드〉에서 오프닝 장면으로 묘사했을 만큼 악명 높은 LA의 극심한 교통체증이 유일한 흠이라면 흠이라고 할까. 그러나 고단한 출퇴근길마저 한국 라디오 방송을 통해 한국 뉴스를 듣고 유행 가요를 흥얼거리며 짜증을 달랬다.

좋은 기회들을 잡아 그곳에 갈 수 있게 되어 순간순간 기쁘고 감사했지만, 동시에 그 과정은 끝없는 고민과 선택의 시간들이기도 했다. 아이들이 커가면서 커리어에 대한 고민이 더 심해졌다. 계속 미국 대학에 남아 활동하는 것이 좋을지, 원래 계획대로 모국으로 돌아가는 것이 나을지 고민에 고민을 거듭했다.

솔직히 영어가 온전하게 편한 순간은 결코 오지 않았다. 주류 사회에 점점 자리를 잡아가고 있었지만 내가 소수자라는 사실을 완전히 잊어본 적도 없었다. 영어로 꿈을 꿀 정도가 되어도, 내 온갖 생활방식에 미국 문화가 속속들이 스며들 지경이 되어도 그랬다. 이런 고백이 배부른 푸념이라고 생각하는 분들도 있을지 모르지만 이것이 솔직한 심정이었다. 당연한 말이지만, 모든 게 한국과 같을 수는 없었다.

그러던 중 1999년에 또 한 번의 기회가 찾아왔다. 이번엔 스탠퍼드 대학이었다. 개설 예정인 한국학 프로그램의 책임자를 찾고 있다면서 스카우트를 제의해온 것이다. 신기하게도 나는 발벗고 기회를 찾아나서지 않았지만 내 위치에서 주어진 일을 열심히 하고 있으면 기회가 찾아왔다. "기회는 만드는 것이다"라는 말은 아마도 기회가 나를 찾아오도록, 그 기회에 걸맞은 사람이 되도록 '나 자신을 만들라'는 뜻일 것이다.

그렇지만 이번에도 고민이 없지는 않았다. 당시 UCLA의 한국학 프로그램은 놀랍게 성장하고 있었고, 나 또한 일종의 사명감으로 LA 한인 사회에서 활동을 조금씩 늘려가고 있었기 때문에 새로운 직장으로 떠나기엔 아쉬움이 남는 상황이었다. 하지만 솔직히 유학을 떠나올 때도, 취업을 할 때도 지원조차 해보지 않았을 정도로 높게 느껴지던 미국 최고 사립대학인 스탠퍼드 대학의 제안을 받으니, 가슴이 두근거렸다. 아직 젊을 때 한 번 더 새로운 도약을 해보고 싶은 욕심이 생겼다.

그때 LA 타임스 칼럼니스트로 있던 플레이트라는 기자가 진심 어린 조언을 해주었다. "사람이 한곳에 오래 머물러서는 발전이 없고, 끊임없는 도전을 통해 커가는 것이다." 나는 이 말을 거듭거듭 되새겼다. 그리고 마침내 막연하게나마 스탠퍼드 대학이 있는 실리콘밸리의 도전적 창업정신을 생각하면서 마치 안정된 대기업을 떠나 벤처를 하겠다고 나서는 젊은이의 심정으로, 2001년 여름 스탠퍼드 대학 사회학과 교수 겸 국제학연구원 선임연구위원으로 부임했다.

내가 한국학 프로그램을 만들게 된 스탠퍼드 대학 아시아태평양연구소는 미국 대학에 있는 아시아 연구소들 중에서도 꽤나 독특한 특성을 갖고 있었다. 대부분의 대학 소속 아시아 관련 연구소들이 역사, 문학 등 인문학을 위주로 여러 학과 교수들을 느슨하게 묶어 놓은 데 반해 스탠퍼드 아시아태평양연구소는 학과에 소속된 교수들 외에도 전직 고위 관료들과 자체 연구원을 두고 아시아의 주요 현안에 대한 연구와 정부에 대한 정책 제안, 그리고 미국과 아시아 국가들 간의 네트워크 형성에 초점을 맞추고 있었다. 그렇다고 워싱턴에 있는 싱크탱크들처럼 매일 발생하는 정책 현안에 초점을 맞추고 정부나 의회를 상대로 직접적인 활동을 하는 것도 아니었다. 흔히 생각하는 대학 연구소와 싱크탱크의 중간 역할 정도라고 볼 수 있었다.

새로 시작할 한국학 프로그램도 이러한 방향에 초점을 맞추면 다른 대학의 프로그램들과 차별화를 도모하며 새로운 가치를 만들어 낼 수 있겠다는 생각이 들었다. 그래서 인문학보다는 사회과학, 순수 학문보다는 정책적 의미가 있는 연구를 깊이 있게 하되 연구 결과를 정책으로 연결하고 한국과 미국의 학계와 정책 커뮤니티 간 가교 역할을 하는 데 방점을 두고 전체적인 그림을 그렸다. 특히 스탠퍼드는 한반도 정책에 관여한 경험과 영향력을 갖춘 풍부한 인적 자원을 보유하고 있어, 이러한 일을 하기에 안성맞춤이었다. 클린턴 행정부의 '페리 프로세스'로 유명한 윌리엄 페리 전 국방부 장관이나 북핵 문제 최고 전문가로 꼽히는 지그프리트 헤커 박사, 주일 대사와 브루킹스 연구소장을 지낸 베테랑 아시아 전문가인 마이클 아머코스트 전 대사, 주한 대사를 지낸 캐슬린 스티븐스, 미국 정보계에서 잔뼈가 굵은 토머스 핑거 박사, 주 아프가니스탄 사령관과 대사를 지낸 칼 아이켄베리 장군, 미 국무부 한국과장을 역임한 데이비드 스트라우브 등이 지난 10여 년간 한국학 프로그램에서 함께 일해온 주요 멤버들이다.

지금까지 때로는 숨가쁘기도 하고 때로는 기쁨에 벅차기도 했지만, 나는 감사한다. 내가 만난 모든 우연과 그 우연을 붙들게 했던 간절함에. 그리고 오늘날의 한국이 내가 살아온 시대와 같지 않다는 것을 매 순간 아프게 느끼며 산다. 온갖 스펙을 갖추고도 극심한 경쟁 사회를 버겁게 헤쳐나가고 있는 요즘 젊은이들을 보면 '어쩌면 나는 그냥 시대를 잘 타고났는지도 모르겠다'는 생각에 마음이 무거워져, 뭔가 할 수 있는 일이 없을까 고민하게 된다.

낯선 땅에서 보낸 짧지 않은 세월 동안, 희망을 품는다는 건 언제나 쉽지만은 않았다. 희망을 간절히 바랄 때마다 내 안의 냉소와 회의주의가 고개를 쳐들던 순간이 가장 괴로웠다. 하지만 그럼에도, 이 책을 통해 "헬조선은 답이 없다"고 말하는 사람들에게 "그래도 우리 함께 더 나은 한국을 만들어가보자"고 말하고 싶다.

어떤 이야기는 한국을 떠난 지 오래되어 '잘 모르고 하는 소리'로 들릴 수도 있고, 어떤 이야기는 미국에서나 통할 법한 발상으로 들릴 수도 있겠지만, 어떻게 하면 더 나은 사회를 만들 수 있을지 오래 고민한 마음만큼은 온전히 전달되었으면 한다.

이 책에는 그동안 미국 대학에서 재미 학자로, 한반도 전문가로 활동하면서 고국에 대해 느꼈던 생각과 고민을 담았다. 한국이 '넥스트 코리아'로 나아가기 위해서는 어떤 문제를 해결해야 하고, 어떻게 그 문제를 개선해나갈 수 있을지 폭넓게 짚어보고자 했다. 비판을 위한 비판보다는, 한국의 미래에 대한 나름의 고민을 거쳐 찾아낸 해법과 가능성을 담고자 했다. 절망하고 냉소를 보내기는 쉽다. 하지만 나는 그래도 언제나 꿈을 꾸는 쪽에 서고 싶었다. 사람들은 종종 "현실을 직시하라"고 말한다. 하지만 그 현실을 이끄는 것은 상상력과 희망의 몫이라고 나는 믿는다.

한국이 안팎으로 어렵던 시절에 고국을 떠나 미국에서 공부하고 활동하면서 늘 마음 한구석에 남아 있던 빚진 마음도 이 책을 통해 조금이나마 가벼워지기를 염원해본다.

끝으로 이 책을 준비하고 집필하는 동안 진심으로 내 고민과 생각을 공유하고 격려해준 한국과 미국의 가족과 친지, 또 많은 동료들, 특히 조이스 리 연구원과 문학동네 구민정 편집자의 헌신적인 열정에 고마움을 표하고 싶다.

2017년 가을

신기욱

1부

슈퍼피셜
코리아

SUPERFICIAL

KOREA

01 재미있는 천국

만일 '재미있는 지옥'과 '재미없는 천국' 중 한 곳을 선택해야 한다면 당신은 어느 곳에서의 삶을 택하겠는가? 짓궂지만 조금 극단적인 선택을 가정해보는 게 좋겠다. 이를테면 '재미있는 천국' 같은 이상적인 선택지는 존재하지 않는 셈 치고.

재미있는 지옥에서 보낸 한철

2015년 가을, 샌프란시스코에서 인천공항으로 날아들어 왔을 때만 해도 내 마음은 8개월을 어떻게 보낼까 하는 느긋한 궁리로 가득 차 있었다. '어쨌거나 나는 고국에서 안식년을 보내는 거니까, 출장

왔을 때는 바빠서 못 가본 곳들도 찬찬히 둘러보고 한숨 돌리면서 생각할 시간도 가져야겠다. 그리고 저녁엔 한강공원에서 산책도 하고 지루해지면 주말엔 미술관에나 가볼까?'

하지만 한국에서의 안식년은 나의 안식을 위해 마련된 시간이 아니라는 걸 깨닫기까지는 그리 오랜 시간이 걸리지 않았다.

일단 하루에도 몇 번씩 스마트폰 캘린더에 촘촘히 채워지는 각종 일정을 들여다보지 않고는 아무것도 할 수가 없었다. "교수님, 그럼 다음주 목요일 조찬 모임 괜찮으세요? 아, 다다음주가 좋으시다고요. 근데 다다음주 스케줄은 꽉 차 있는데요. 그러면 그다음주 화요일이나 목요일 중에서 고르셔야 해요." 안식년을 보내고 있는 '백수'인데 뭐가 그렇게 바쁜지, 쉬지 않고 울려대는 핸드폰과 잇따라 날아드는 문자 메시지, 평일엔 말할 것도 없고 주말에도 끊임없이 이어지는 약속과 모임 등은 불과 몇 주 만에 내 혼을 쏙 빼놓아버려 어리둥절했다. 저녁 약속은 한두 달 전에 잡지 않으면 시간을 맞추기 어렵고, 조찬 모임은 안 하겠다고 단단히 마음먹었지만 상대방 스케줄 때문에 어쩔 수 없이 해야 하는 경우도 많았다. 내 숙소가 있던 강남역 부근은 골목마다 식당, 카페, 주점, 클럽, 노래방, 영화관, 헤어숍 등이 즐비하고 늦은 밤에도 이들이 뿜어내는 열기로 가득했다. 뉴욕이나 파리, 런던, 도쿄나 상하이의 거리도 이 정도는 아닐 듯싶었다.

그 속도에 떠밀려 '어어어' 하며 홀린 듯 빨려들어가다보니 심지어 내가 그동안 미국에서 잘못 살고 있었나 하는 '반성'마저 할 뻔했다. 이렇게 바쁘고 정신없이 살아가는 한국인의 삶에 대한 열정에 고개가 숙여지기도 하고 단조로운 미국 생활과 비교할 때 정말 사람 사는 것 같은 느낌이 들기도 했다. 한국을 '재미있는 지옥', 미국을 '재미없는 천국'에 비유하는 것도 이해가 되었다.

한국 생활에 비하면 맹숭맹숭하게 느껴질지도 모를 미국에서의 내 일상을 나열하면 이렇다. 나는 스탠퍼드 대학 캠퍼스 안에 있는 교수촌에 살고 있어, 15분 정도 걸어서 출퇴근하고, 일을 마치면 저녁 시간을 대부분 집에서 보낸다. 미팅도 저녁보다는 주로 점심에 하며, 아침부터 조찬 미팅을 하는 경우는 매우 드물다. 연구소 책임을 맡고 있다보니 외부 손님이 많아 저녁 약속이 자주 있지만 그래도 평균적으로 일주일에 절반 정도는 퇴근 후 곧장 집으로 향하고, 저녁 약속이 있어도 9시를 넘기는 일은 별로 없다. 나만 그렇게 사는 게 아니다. 팰로앨토에서 가장 붐비는 시내 중심가도 저녁 10시면 불빛이 꺼지고 인적이 드물어지니 모두가 나와 비슷한 생활을 하고 있는 셈이다.

그럼 (한국 기준에서) 내가 게으른 것 아니냐고 반문하는 사람이 있을지도 몰라 조심스럽게 항변해두어야겠다. 사실 나는 연구와 강의 이외에도 맡고 있는 직책이 많아 출근해서는 눈코 뜰 새 없이 바쁜 하루를 보내지만 정말 일할 때는 집중해서 거의 일만 한다. 그래도 한국에서의 생활과 한 가지 다른 점은, 내 스케줄을 대부분 내가 컨트롤할 수 있어 건강에 큰 무리가 가지 않는 선에서 나름대로 우선순위를 정해 일할 수 있다는 점이다.

'운'으로 주어진 드넓은 미국 땅의 광활함과 쾌적한 기후라는 환경적 요인이 어쩌면 이런 마음의 여유로움에 영향을 미치는 것인지도 모르겠다. 내가 살고 있는 캘리포니아 북서부 팰로앨토 지역은 겨울에도 기온이 영하로 내려가는 일이 없고 습하지 않은 온화하고 화창한 날씨에 울창한 산림, 맑은 공기, 높은 파란 하늘이 아름답다. 수많은 하이킹 코스와 크고 작은 공원들에 둘러싸여 있는 도시에서 자동차로 30분만 나가면 태평양 해변에 이르고, 두세 시간만 가면 레이크 타호 스키 리조트에 닿는다.

하지만 정말 그런 환경적 요인이 전부일까? 그런 것 같지는 않다. 한국인은 노는 데도 거의 전투적으로 열심인 듯해 보였기 때문이다. 한국인은 주중에 그렇게 일하고도 주말이면 지친 몸을 이끌고 유명하다는 맛집을 정복하고, 또 요즘은 SUV에 장비를 잔뜩 싣고 산으로 들로 쏘다니며 캠핑을 하는 것이 아저씨들 사이의 대유행, 혹은 로망인 듯하다. 하지만 나는 그 모든 것이 '할 일' 리스트에 빼곡하게 적힌 일종의 임무를 비장하게 수행해나가는 것처럼 느껴져 마음이 편치 않았다. 한국 사람들이 때로는 자랑스럽게 말하는 다이내믹 코리아의 실상이, 사실은 다들 거센 파도에 떠밀려 물에 빠지지 않으려고 아등바등 '파도타기'를 하는 것처럼 보이기까지 했다. 그런 사람들의 하루하루를 보며 신기하기도 하고 안타깝고 안

쓰러운 마음이 들기도 했다. 개인의 삶을 희생하면서 다른 나라 사람들보다 몇 배 부지런히 살아온 덕분에 오늘의 한국을 이루어냈겠지만, 언제까지 이렇게 바쁘게 쫓기는 삶을 살아야 하는가? 내가 한국에 살았다면 과연 이처럼 숨가쁜 생활을 감당해낼 수 있었을까?

나 역시 한국에 머무는 동안 정신없이 시간에 쫓겨 살다보니 몇 해 전 손학규 전 의원이 대선 캠페인 슬로건으로 내세웠던 '저녁이 있는 삶'이라는 말이 떠올랐다. 오죽하면 당연히 있어야 할 저녁을 찾아주겠다는 대선 공약까지 내걸었을까. 미국에 있을 때는 크게 공감하지 못했는데 한국에서 지내다보니 그 의미를 너무나 잘 알 것 같았다.

죄수의 딜레마인가

그런데 신기하다. 지인들도 대부분 자신들이 너무 바쁘고 정신없는 삶을 살고 있다며 고충을 토로한다. 저녁식사와 2차, 3차로 이어지는 술자리가 종종 꺼려지고 부담스러운 것은 물론이거니와, 어쩔 수 없이 윗사람들이나 중요하다는 분들 골프 치는 데 따라갈 때도 많아 힘들다고 호소한다. 만성 수면 부족과 피로에 시달리는 탓에 가족과 보내는 시간도 부족하고, 최소한 주말에 하루만큼은 집에서 쉬거나 자녀들과 함께 저녁을 먹고 싶다는 하소연도 듣는다. 하지만 이처럼 불만을 가진 사람이 많음에도 불구하고 변화가 생기지 않는다. 왜 그럴까?

내 경험에 의하면 한국인들은 전화로 할 일도 꼭 만나서 하거나, 차 한잔 마시면서 할 일도 꼭 식사를 해야 성이 찬다. 서로 바쁘니 차 한잔하자고 하면 섭섭해하는 눈치다. 꼭 식사 대접을 해야 받는 사람이나 하는 사람이나 모두 숙제를 한 것 같고 마음이 편한 한국의 접대문화 탓일까, 아니면 꼭 좋아서가 아니더라도 그래야 면이 서는 체면문화 때문일까. 또 식사만 하면 뭔가 아쉬운 듯 후식이든 술자리든 잠시라도 2차를 거쳐야 한다. 저녁 약속이 9시에 파하는 건 마치 "우리의 친밀도는 여기까지"라고 말하는 것 같아 예의가 아닌 분위기다. 만나서 밥 먹고 술 한잔하는 것은 결국 인간관계, 다시 말해 네트워크 관리 차원일 텐데, 이것이 꼭 마주앉아 밥 먹고 술 마시는 시간과 에너지, 비용을 쏟아야만 하는 것일까.

한국인들이 잘하면서도 힘들어하는 일 중 하나가 경조사 챙기기다. 주말이나 휴일엔 부부가 서로 나누어 뛰어야 할 정도로 바쁘다고 한다. 나 역시 한국에 있는 동안 병문안, 결혼식, 장례식 등 경조사에 여러 번 참석했다. 한번은 부음을 듣고 아침에 조문을 가려고 했더니 주변에서 조문은 저녁에 가는 것이 좋다고 말해 의아해하며 늦은 저녁에 갔다. 가보니 빈소는 그야말로 또하나의 엄청난 네트워킹의 장이었다. 잠시 조문만 하고 나오려던 원래 계획은 수포로 돌아가고 문상 온 분들과 인사하고 이야기를 나누느라 장시간 머물

수밖에 없었다. 어느 사회나 경조사에 참석하는 것이 문화적 '의례'이긴 하지만 한국에선 그런 자리가 진심 어린 축하나 위로를 나누는 자리라기보다는 그조차 체면과 네트워크 유지를 위해 수행해야 하는 또다른 '업무'의 장처럼 느껴졌다.

한국인의 바쁜 생활을 보면 유명한 게임 이론의 대표적 사례인 '죄수의 딜레마'가 떠오른다. 두 명의 공범 용의자가 체포되어 서로 다른 취조실에서 격리된 채 심문을 받고 있다. 이들에게는 협력과 배신 여부에 따라 세 가지 결과가 주어진다. 1) 둘 중 한 명만 자백하면 자백한 사람은 풀어주고 자백하지 않은 쪽은 10년형에 처한다. 2) 둘 다 죄를 자백하면 각각 5년형에 처한다. 3) 누구도 죄를 자백하지 않으면 둘 다 6개월형에 처한다. 세 가지 중 용의자들에게 가장 이상적인 선택은 상대방을 신뢰하고 협력해 묵비권을 행사하는 것이겠지만, 개개인을 놓고 보면 본인만 자백해서 형을 살지 않는 것이 가장 유리하므로 각자 자백을 하고 둘 다 5년형을 받게 된다. 즉 서로 협력하면 모두에게 이익이 되는 상황인데도 상대를 믿지 못하고 자기 이익에만 집착하다보니 결국 모두에게 불리한 이른바 내시 균형Nash Equilibrium을 선택하게 된다.

모두가 똑같이 의미 없는 식사 약속, 모임을 줄인다면 시간과 건강 면에서도, 금전적으로도 이익일 텐데, 마치 딜레마에 빠진 죄수처럼 자칫 '난 약속을 줄였는데 다른 사람은 줄이지 않는다면 나만 네트워크에서 소외되고 뒤처지지 않을까' 하는 불안감이 마음속에 있는 것은 아닐까. 나만 빠질 수 없어서, 나만 모르는 얘기들이 생길까봐, 나만 덜 돈독한 관계가 될까봐…… 그래서 너도나도 전투적으로 약속을 이어가고 모임에 집착하는 것 아닐까 싶다. 그러다보니 모임의 수는 넘쳐나는데 과연 그만큼 만남과 대화의 질도 높은지 의문이다. 어쩌면 죄수의 딜레마처럼 안 해도 되지만 안 할 수 없는 네트워킹을 지속하다보니 겉으로 보이는 것과 달리 돈독한 인간관계가 형성되기보다는 오히려 이해관계에 따라 뭉치고 흩어지는 인위적이고 가식적인 슈퍼피셜superficial한(피상적인) 관계만 늘어가는 것은 아닐까.

우리는 왜 바쁜가, 재미있는 지옥에서. 그런데 이 지옥이 정말 재미있는 지옥이긴 한 걸까? 혹시 그 바쁨과 피상성에 무방비 상태로 중독되어 있는 것은 아닐까? 만일 이 지옥이 재미있지 않다면 애초에 '재미있는 지옥'과 '재미없는 천국' 중에서 한 곳을 선택해보자고 했던 나의 질문을 수정해야 하는 것 아닐까 하는 생각이 든다. 이상적이라서 실현하기 힘들지도 모르지만 나는 '재미있는 천국'에서 살고 싶다. 최소한 재미있는 지옥에 살더라도, 가끔은 재미없는 천국에서 몸과 마음을 추스를 여유가 허락되기를 간절히 바란다. 이제는 한국이 조금 심심하고 따분하더라도 잠시 마음을 내려놓고 돌아볼 여유를 허락해주기를 꿈꾼다. '재미'가 있다못해 지쳐 쓰러져버릴 것 같은 사람들에겐 이제 자극적이지도 않고 아무런 재미도 없는 그런 재미가 정말 필요하기 때문이다.

02 원한다, 우리가 남이어도 괜찮은 사회를

"야, 그래서 너 몇 학번 무슨 과 졸업이라고?"

"아, 거기를 다 아시는구나…… 그러면 어렸을 땐 대구에서 살다가 서울로 올라오셨나봐요?"

아무래도 '민증부터 까지 않으면' 안심이 안 되나보다. 처음 만난 사이라면 거친 방식으로든 예의를 한껏 차린 간접적인 질문을 통해서든 궁극적으론 민증부터 까고 시작해야 한다.

그런 다음엔 거칠게라도 분류해야 한다. 저 사람은 '내가 꼭 친하게 지내야 할/ 그럭저럭 알고 지낼 만한', '내가 바짝 굽실거려야 할/ 저 사람이 내 비위를 적당히 맞춰주는 게 내 자존심에 걸맞은' 부류 중 어디에 속하는가? 어쨌거나 알아두는 게 유리한 사람이라면 다음 단계로 넘어가자. 일단 명함을 교환하고, 주소록에 전화번호를 저장하고, 뭔가 레저와 음주와 업계 뒷담화의 장이 적절히 혼합된 정기 모임을 마련하는 편이 좋다. 물론 거기서 각종 장소 섭외와 연락 담당은 보통 이 네트워킹으로 인해 얻을 것이 가장 많은 최하위 군번이 맡게 된다.

슈퍼 네트워크

한국은 참으로 좁은 사회다. 한국에서는 평균 3.6명의 사람만 거치면 아는 사이라는 흥미로운 조사가 있다. 가히 서너 명의 인맥만 통하면 모두가 연결되는 '슈퍼 네트워크 사회'라 칭할 만하다. 그렇다보니 한국 사회에서는 지연, 학연, 혈연 등에 강한 집착을 보인다. 몇 다리만 건너면 모두 친구가 되는 좁은 사회에 얼기설기 모여 살고 있기 때문이다. 그래서 사람을 만나면 나이, 고향, 출신 학교부터 우선적으로 파악하고 본다. 그래야만 복잡한 사회적 연결망 속에서 자신과 상대방의 위치를 제대로 파악할 수 있고 적절한 관계도가 머릿속에 그려지기 때문이다. 쉽게 말해 너와 나의 연결고리가 있는지, 있다면 수평 관계인지 수직 관계인지 관계를 시작하기 전에 대충 답이 나와야 '내 사람'인지 '남의 사람'인지, 지속해야 할 관계인지, 적당히 해도 될 관계인지, 아니면 그다지 필요없는 관계인지 파악되는 것이다.

나이, 고향, 출신 학교 등 각자가 가진 주요 네트워크 내에서 서로의 위치를 파악하고 나면 연결고리의 개수와 굵기에 따라 '형님, 동생'이 되기도 하고 '너는 너, 나는 나'가 되기도 한다. 연결고리가 많고 두꺼울수록 그들만의 네트워크는 좁아지고 특별해지며 네트워크를 둘러싼 장벽은 높아진다. 예를 들면, '대구 출신' 네트워크가 '대구-경북고 출신' '대구-경북고-서울 법대 출신' '대구-경북고-서울 법대-사시 출신' 등으로 점점 범위가 좁아지고 특별해지면서 그룹 내 유대감은 더욱 강해지고, 동시에 외부 집단을 향해서는 점점 더 배타적인 집단으로 변모해갈 수밖에 없는 것이다.

그러나 미국에선 이미 웬만큼 가까워진 사이가 아니라면 나이나 결혼 여부 등 개인적 신상에 관한 사항을 물어보지 않는 것이 기본적 예의로 통한다. 프라이버시의 문제이기도 하지만 사실 우리가 주목해야 할 점은 다른 데 있다고 생각한다. 미국 사회에서는 그런 개인 신상에 관련된 정보가 상대와의 관계 형성에 꼭 알아야 할 사항이 아니라는 뜻이다. 출신 지역이나 출신 학교 등도 대화중 자연스레 흘러나오지 않으면 굳이 물어서 알아내야 할 만한 관심사가 아니다. 미국 사회에서는 '네트워킹'이라는 개념이 인간관계의 폭을 넓혀가는 것을 의미하는 반면, 한국 사회에서는 상대방과의 공통분모를 찾아 인간관계를 더욱 좁혀가고 굳건히 하는 것을 의미하는 듯하다. 미국에서 흔히 열리는 '리셉션'은 고정된 자리 없이 참여자들이 가급적 다양한 사람들과 많은 대화를 나누는 열린 형식인 데 반해, 한국의 '회식문화'는 분리된 방에 앉아서 서로 끈끈한 관계를 다지는 데 초점을 두는 것만 봐도 이러한 차이를 쉽게 알 수 있다.

안 되는 것도, 되는 것도 없는 세상에서 펼쳐지는 자신들만의 잔치

어느 사회나 개인적, 사회적 네트워크는 중요하다. 대표적인 예로 중국의 '관시문화'를 꼽을 수 있다. 관시關係는 관계를 뜻하는 중국 말로, 친밀한 인간관계를 가리킨다. 중국에선 관시가 없으면 비즈니스나 다른 중요한 일들을 하기가 매우 어렵다. 관시를 위해서는 시간과 비용을 들여야 하므로 관시를 형성하기가 쉽지 않다. 일본에서도 웬만큼 가까운 사이가 아니고는 좀처럼 속마음, 즉 '혼네'를 드러내지 않는다. 겉으로는 친절해 보이지만 '다테마에(겉치레)'에 불과할 뿐이다. 미국의 월스트리트나 할리우드에서도 긴밀한 네트워크가 없으면 살아남기 어렵다. 특히 한국과 같은 정기적인 공채 채용이라는 개념이 없는 대부분의 미국 기업들은 내부 직원들의 추천internal reference을 매우 중요한 참고자료로 삼는다. 요즘 미국 젊은이들에게 인기 있는 투자은행 같은 곳은 아는 사람이 없으면 인턴십 자리도 구하기 어렵다.

그런데 문제는 한국은 상대적으로 작은 나라이고, 특히 한국에서는 서울이라는 한 지역으로의 집중도가 너무 커서 네트워크의 비중과 효과가 과도하게 나타난다는 점이다. 실제로 한국처럼 정치, 경제, 문화, 교육 등 거의 모든 분야의 근거지가 서울이라는 작은 공간에 몰려 있는 나라는 극히 드물다. 그렇다보니 학연, 지연 등의 네트워크가 서로 겹쳐 더욱 거대하고 돈독한 슈퍼 네트워크가 형성된다.

미국의 경우 정치의 중심지는 워싱턴 D.C.지만 경제는 뉴욕, 로스앤젤레스, 시카고 등으로 분산되어 있다. 또한 중국이나 일본의 경우도 베이징과 상하이, 도쿄와 오사카 등으로 정치력과 경제력이 분산되어 있지 않은가. 상위권의 거의 모든 대학이 서울에 몰려 있는 한국과 달리 미국의 하버드 대학과 스탠퍼드 대학은 각각 동부와 서부에 있고, 중국은 베이징 대학과 칭화 대학은 베이징에, 푸단 대학은 상하이에, 저장 대학은 항저우에 있으며, 일본의 경우엔 도쿄 대학과 교토 대학이 서로 다른 지역에서 쌍벽을 이루고 있다.

네트워크는 중요한 자원이고 때로는 이러한 개인적인 네트워크를 활용하는 것이 공식적인 제도나 절차를 통하는 것보다 훨씬 큰 힘을 발휘해 편리할 수 있다. 복잡한 규제나 절차를 건너뛰고 전화 한 통으로 일을 해결할 수 있다면 얼마나 편리하겠는가. 하지만 바로 이 편리함에 문제가 있다. 공조직에 대한 믿음이 적거나 제도가 미흡할 때 사적 네트워크의 편리한 힘은 더 강력하게 발휘되기 때문이다. 한국의 정부나 정치권이 그렇다.

OECD의 '한눈에 보는 정부 2015Government at a Glance 2015'에 따르면 대한민국 정부에 대한 국민의 신뢰도는 34퍼센트로 조사 대상 41개국 가운데 중하위권인 26위를 기록했다. 이는 정치가 불안정한 터키나 브라질보다도 낮고 체코, 남아프리카공화국 등과 같은 수준이다. 2013년 기준 한국은 사법제도에 대한 국민 신뢰도가 27퍼센트로 나타나 조사 대상국 42개국 중 39위로 콜롬비아, 칠레, 우크라이나와 어깨를 나란히 했다. 미래한국재단이 발표한 「2015 국민의식조사: 격동의 한국 사회 심층진단」 보고서에 따르면 국회에 대한 불신이 79.5퍼센트("매우 불신" 43.1퍼센트, "대체로 불신" 36.4퍼센트)로 압도적으로 높았다. 한국 사회에서 가장 부조리한 기관을 묻는 항목에서도 '정당'이 58퍼센트로 압도적인 1위를 차지해 국민의 불신을 확인시켰다. 이렇듯 공권력에 대한 신뢰가 약하고 정당정치의 기능이 미흡하다보니 이해관계의 조정이나 갈등 해소는 개인의 네트워크에 의존하는 경우가 많다. 한국 정치에서 '사조직' 또는 '가신그룹'이 판을 치는 것이나 관계에서 모피아, 관피아가 힘을 발휘하는 것도 이러한 이유에서다. 2013년 원전 비리 사태를 통해 드러난 '원전 마피아', 2014년 세월호 사태로 떠오른 '해피아' 등 모피아, 관피아, 정피아의 폐해는 이미 한국 사회 깊숙이 만연하게 자리잡고 있다.

슈퍼 네트워크 사회의 순기능이 서로 돕고 이끌어주며 사는 것이라면, 역기능은 상대방의 부탁을 거절해야 하는 상황에서 이를 거절하기가 힘들다는 것이다. 그러면 그 조직은 점점 폐쇄적으로 변해 사회 발전을 저해할 수 있다. 정관계뿐 아니라 지성의 전당이라는 대학마저 그렇다. 뒤에서 좀더 자세히 설명하겠지만 동종교배로 얽히고설킨 교수 사회에서 서로 뻔히 아는 사이에 냉정한 학문적 평가나 비판을 하기는 쉽지 않다. 교수 채용이나 승진 심사에서도 학과 후배, 고향 후배, 친구 동생 등 '내 편'인 후보자를 얼마나 객관적으로 심사할 수 있겠는가. 아이러니하게도 슈퍼 네트워크 사회에서는 안 되는 것도 없지만 되는 것도 없다.

그동안 지적되어온 모피아, 관피아, 전관예우의 병폐도 결국은 슈퍼 네트워크가 시발점이 되는 것이다. 슈퍼 네트워크 사회에서 문제 해결을 위해 사적 네트워크에 의존할수록 투명성이나 공정성은 떨어질 수밖에 없고 이해 상충이 커지며 부정부패 가능성도 높아진다. 박근혜 정부의 소위 비선 실세에 의한 국정농단은 이러한 폐해의 완결판이다. 이런 사회에서는 슈퍼 네트워크에 속하기 위해 엄청난 시간과 에너지를 소비하게 되며 슈퍼 네트워크에 들어가지 못한 사람은 더욱 소외되고 사회는 병들어간다.

한국인들 사이에서도 슈퍼 네트워크의 담장이 이렇게 높고 강고하다면 국내에 있는 외국인들이 느끼는 단절감과 소외감은 어느 정도일지 짐작이 간다. 과거에 한국인은 단일민족이라는 자부심을 갖고 살아왔지만 최근 들어 취업, 결혼, 유학 등으로 인해 국내에 거주하는 외국인 수가 급격히 늘어나면서 이들이 한국 사회의 중요한 구성원으로 자리잡아가고 있다. 특히 저출산, 고령화에 따른 생산인구 감소로 외국 인재에 대한 수요는 점점 늘어날 것이고 외국인

근로자, 결혼 이주민, 다문화가정 자녀 등이 한국의 경제와 사회문화 발전에 기여하는 바가 적지 않을 것이다. 그럼에도 이들은 학연, 지연, 혈연 중심으로 똘똘 뭉친 한국의 슈퍼 네트워크에 들어갈 기회조차 없으며, 아무리 노력해도 한국 사회의 '영원한 아웃사이더'로 남을 뿐이다.

시야를 넓히려면 담장부터 허물자

한국 사회는 지금 여러 사회, 경제, 정치적 문제들로 몸살을 앓고 있다. 국민소득은 높아졌지만 사회는 절망과 좌절로 가득 차 있고 젊은이들이 가장 공감하는 신조어는 '헬조선' '흙수저' 'N포세대' '망한민국' 등과 같은 자포자기적 표현들이다. 노력해도 안 된다는 불안과 좌절감, 사회 지도층에 대한 불신과 분노는 촛불집회로 폭발했다. 그럼에도 슈퍼 네트워크에 들어가면 흙수저가 금수저는 못돼도 은수저는 될 수 있지 않을까 하는 희망에 어떠한 기회비용을 치르더라도 좋은 대학, 좋은 직장에 들어가려 너도나도 몸부림친다. 하지만 거기에 간신히 편입된다고 끝이 아니다. 그렇게 슈퍼 네트워크에 들어간 후에도 남들에게 뒤처지지 않으려고 계속되는 식사 약속과 술 약속, 동문 모임, 골프 모임, 경조사 등을 챙겨가며 '인맥 관리'에 열중한다.

한국이 다음 단계로 도약하려면 이처럼 학연, 지연, 혈연으로 얽히고설킨 폐쇄적 슈퍼 네트워크의 담장을 허물어야 한다. 공정한 사회, 실력과 노력이 통하는 사회를 만들기 위해서는 슈퍼 네트워크의 갑질과 보이지 않는 폭력이 먼저 사라져야 한다. 서열 경쟁 사회의 좁디좁은 슈퍼 네트워크 속에선 폐쇄적 집단주의가 생겨나기 마련이고, 그러면 슈퍼 네트워크에 속하지 못한 소외된 이들은 분노와 함께 포퓰리즘의 유혹을 느낄 가능성이 커진다.

안으로만 굽는 팔은 제 역할을 다하지 못하고, 고인 물은 썩기 마련이며, 우물 안 개구리는 천적의 공격으로부터는 안전할지 몰라도 더 넓은 세계를 보지 못한다. 슈퍼 네트워크의 보이지 않는 담장을 허물고 나와 좀더 열린 자세로 다양한 인재, 인종, 문화와 함께 어울려 사는 사회를 만들 때 한국 사회의 고질적인 병폐도 개선될 것이다. 학연, 지연, 혈연의 굴레로부터 자유로웠던 히딩크 감독이 이루어낸 2002년 월드컵 4강의 신화가 여기저기서 재현될 수도 있다.

이제는 좀 새로운 네트워킹을 시도해보면 어떨까. "우리가 남이가"를 외치며 우리끼리, 비슷한 사람끼리만 똘똘 뭉치지 말고, 낯설지만 새로운 사람들이 모여 아무런 이해관계 없이도 함께할 수 있는 모임을 느긋하게 즐겨보는 것이다. 미국 문화에서 한국인들이 가장 낯설어하고 불편해하는 것 중 하나가 아마 칵테일 문화 아닐까 싶다. 칵테일 리셉션은 꼭 칵테일을 마신다는 의미가 아니라 보통 공식 행사 전에 가볍게 음료를 마시며 행사에 참석한 다양한 사람들, 특히 처음 만나는 사람들이 서로 알아가는 자리다. 미국식 비즈니스 문화가 가장 빛을 발하는 시간이기도 하다.

혹시 아는가. 그 낯설고 조심스러운 새로운 사람들과의 만남이 인생에 뜻하지 않은 가능성을 열어줄지. 새로운 세상을 만나는 일은 언제나 마음을 두근거리게 한다.

03 규제와 요령의 술래잡기

한국에서 지내는 동안 직접 운전을 하겠다고 하니 주위에 온통 말리는 사람들뿐이었다. "한국에선 길을 모르면 운전하기 힘들다. 지리도 잘 모르니 그냥 택시 타라" "차로 간격이 얼마나 좁고 주차 공간이 얼마나 협소한데…… 미국 생각했다간 큰코다친다". 이와 같이 걱정과 우려 섞인 잔소리들뿐이었다. 그래도 '남들 다 하는데 나라고 못하겠어?' 하는 생각에 직접 운전하기로 마음먹었다.

너무 많은 규제와 너무 느슨한 처벌

결론부터 말하면, 서울에서는 자동차를 끌고 다닌다는 것이 여간

애먹는 일이 아니었다. 길이야 내비게이션에 의존하면 되고 대리주차를 해주는 곳도 많지만, 가장 힘든 것은 도로 상황을 제대로 인지하지 못해 헤매는 경우였다. 잘 달리고 있는데 갑자기 차선이 없어지기도 하고, 신호가 노란불로 바뀌어 정지하려고 했더니 뒤 차가 빵빵거리며 으름장을 놓았다. 표지판들은 또 어찌나 헷갈리던지. 어떤 곳은 여러 개의 안내 표지판이 같이 붙어 있어 한번에 다 읽기도 어려웠다. 나라마다 교통법규와 체계가 달라 적응하기 전까진 불편한 것이 당연하지만, 한국에는 도로 위의 규정이 너무 많았다. 'U턴은 좌회전 신호나 보행자 신호시' '비보호 좌회전' 등 미국에 비해 훨씬 많은 규정에, 혹시나 도로법을 제대로 몰라 위반하는 일이 생길까봐 운전대를 잡으면 걱정부터 앞섰다.

처음엔 운전하며 표지판 읽기에 바빴는데 조금 지나니 요령이 생겨 한국에선 기본적으로 '○○해도 된다'는 표지가 있는 곳에서만 뭔가를 하고 그 외에는 불법으로 인식하면 된다는 것을 알았다. 미국에선 '하지 말라'는 표지가 없는 한 다 해도 되는데…… 예를 들어 미국에선 '좌회전/U턴 금지'라는 표지판이 있는 곳만 제외하고 모두 허용되는 반면, 한국에선 좌회전이나 유턴 표시가 있는 곳에서만 허용되는 것이다. 왜 한국에 법규와 규제가 넘쳐나는지 그 이유를 알 것 같았다.

그러나 교통법규를 위반했을 때 받는 처벌 수위는 미국에 비해 훨씬 약했다. 웬만한 범칙금은 몇만 원 수준이고 이마저 운좋게 안

걸리고 넘어가기도 한다. 미국에선 가령 빨간불에 지나가거나 일시 정지하지 않고 우회전했을 경우 벌금이 약 500달러, 한화로 60만 원 정도로 한국의 5~10배에 달하고 교통법규를 두 번 이상 위반할 경우 자동차 보험료가 치솟는다. 그후로도 계속 위반할 경우엔 면허정지로까지 이어질 수 있다. 법규나 규제는 느슨해 보이지만 처벌 수위는 훨씬 강한 편이다. 규제는 많지만 처벌은 느슨한 한국과 대조된다.

한국으로 떠나오기 전 연구소에서 일하는 한국인 직원에게 한국에 가면 생활용품은 어디서 구입해야 하느냐고 물으니 "요즘은 다 인터넷으로 사요"라는 답이 돌아왔다. 인터넷 천국, 쇼핑 천국, 배달 천국인 한국이니 인터넷 쇼핑이 얼마나 빠르고 편리할지 떠나오기 전부터 기대되었다. 그러나 막상 한국에 도착해서 보니 화면 속 물건들은 모두 그림의 떡이었다. 휴대폰이 내 명의로 되어 있지 않은 탓에 본인 인증은 시도조차 하지 못했고, 해외 카드는 아예 취급하지 않는 곳이 대부분이었다. 보안 프로그램 탓에 나 같은 맥 유저의 고통은 더 심했다. '천송이 코트' 덕에 여러 가지 인터넷 규제가 풀렸다고는 하지만 본거지를 외국에 둔 사람이 느끼는 불편함은 여전했다.

인터넷뱅킹도 마찬가지였다. 은행에서 계좌를 만들고 공인인증서를 발급받았지만 인터넷뱅킹으로의 입문은 산 넘어 산이었다. 보안 프로그램을 깔고 인터넷뱅킹에 가입하고 겨우겨우 들어가서 계좌 이체 한 번 하는 데 인증서 비밀번호 재입력, 코드 번호 입력 등 절차가 너무 많고 복잡했다. 미국에선 아이디와 패스워드 한 번으로 어디에서든 쉽게 인터넷뱅킹을 할 수 있는데, 미국 은행이 해킹을 당했다는 얘기는 들어보지 못했다. 그런데 이렇게 철저하게 인증하고 관리하는 한국의 은행은 왜 번번이 보안에 문제가 생길까?

'붙임'과 '첨부'의 향연, 이어지는 요령과 편법의 기술

교통법규나 공인인증제는 그나마 단순한 문제다. 실제로 일을 해보면 규제의 답답함을 더 크게 느끼게 된다. 한국의 국책연구소가 발주한 용역 프로젝트에 참여한 적이 있는데(솔직히 용역이란 말도 마음에 안 든다. 그냥 연구 프로젝트 또는 정책 프로젝트라고 하면 좋을 텐데 용역이라고 하니 용역을 주는 '갑'과 받는 '을'의 관계가 분명히 정해져 있는 것 같았다), 책임연구원이 국내 사립대학에 재직중이라 그 대학의 산학협력단을 통해 프로젝트를 진행하면서 두 기관의 관료적 마인드에 경악하지 않을 수 없었다. 프로젝트를 본격적으로 시작하기 전부터 요구하는 서류가 얼마나 많던지. 사업자등록증, 법인등기부등본, 인감증명서, 계약보증금 지급각서, 대금청구서, 선금사용계획서, 선금보증서, 통장사본, 수입인지, 연구비 카드 신청서 등 다 기억할 수도 없다. 연구에 필요한 계획서와 예산안, 연구자 이력서 정도면 되지 왜 이 많은 서류가 필요한지 이해가 되지 않았다. 프로젝트가 시작된 뒤에도 해외 출장을 다녀올 경우 무엇을 했는지 날짜별로 세부사항을 자세히 적어야 할 뿐 아니라 여권에 찍힌 출입국 도장까지 제출해야만 경비를 정산해주었다. 최종 보고서를 낸 후에는 내부인 두 명, 외부인 한 명의 심사를 받았는데, 심사 결과 통보 후 단 며칠 안에 심사 의견을 반영해 수정한 최종 보고서를 내라고 했다.

국민의 세금으로 운영되는 국책연구소의 과제인 만큼 철저하게 관리 감독하는 것은 중요하다. 또한 종종 연구비 횡령, 남용 등의 문제가 발생하므로 이를 미연에 방지하려는 노력도 필요하다. 하지만 객관성, 투명성이라는 명목하에 불필요한 규제를 수없이 만들어놓고, 정작 국책연구소나 대학산학협력단은 모두 연구자의 연구활동을 돕기보다는 내·외부 감사에서 문제가 될 만한 소지를 미연에 방지하는 '자기 보신'에만 온 신경이 곤두서 있는 듯 보였다.

해당 연구에 필요한 출장을 다녀온 경우, 출장 보고서를 제출하는 것까지는 이해하겠는데, 비행기 탑승권으로도 모자라 왜 여권에 찍힌 출입국 도장까지 내야 하는지, 허위 보고를 했다고 생각하는 것인지, 어떤 땐 범죄자 취급을 받는 듯해서 기분이 상하기도 했다. 또한 보고서 제출 후 며칠 안에 검토 의견을 다 반영해 수정안을 내라는 것도 현실적이지 못하고 형식에 그친다는 느낌을 지울 수 없었다. 그들은 정말 그 짧은 시간 안에 보고서에 새롭고도 유의미한 내용을 덧붙일 수 있다고 믿는 걸까? 프로포절 심사는 간단한 편인데 비해 소위 사후관리가 너무 관료적이고 형식적이었다. 반대로 미국에선 처음 연구과제를 심사할 때는 매우 엄격하지만 일단 선정되고 나면 사후관리가 비교적 단순하다. 중간 보고서와 최종 보고서에 예산 지출 보고서 정도만 추가로 제출하면 된다.

과도한 규제는 요령과 편법을 유발한다. 예를 들어 정부가 지원하는 재단이나 국책연구기관의 연구과제에서 인건비는 전체 예산의 일정 수준(보통 40퍼센트 정도)을 초과할 수 없도록 제한하다보니 꼭 필요하지도 않은 출장이나 자문회의, 회식비 등으로 예산이 낭비되기 쉽다. 그동안 한국에서 연구 프로젝트차 스탠퍼드 대학을 방문해 세미나나 인터뷰를 하고 싶다는 요청을 자주 받았다. 정부의 지원을 받고 프로젝트를 진행하는 이들이 막상 방문해서는 대부분 형식적인 미팅이나 세미나를 하고 식사한 뒤 참석자들에게 자문비를 나눠주곤 했는데, 그게 출장을 위한 출장을 만들어 책정된 경비를 사용해야 했기 때문이라는 사실을 알게 되었다. 결국 불필요한 규제는 요령과 편법, 더 나아가 예산 낭비와 효율성 저하를 가져오고, 형식에 치중하다보니 정작 중요한 내용은 오히려 '슈퍼피셜'해진다. 한국의 연구개발비 지출이 국민 1인당 액수로 볼 때 세계 1위라지만 그 성과가 미흡한 것은 이러한 비합리적인 규제 및 운영과 무관하지 않은 것으로 보인다.

독일의 유명한 사회철학자 막스 베버는 근대 사회의 특징으로 합리성과 관료제를 들었다. 근대사회에서는 전통사회에 비해 관행이나 관습보다는 법과 규칙이 더 중요한 역할을 하게 되고 이를 실행하는 관료제도 발달하게 된다고 보았다. 그런데 전통사회에 비해 합리성이나 효율성은 증가하지만, 또다른 독일 학자인 로베르트 미헬스가 지적했듯 근대적 조직은 과도한 규칙과 규제로 인해 수단이 목적을 대체하는 상황을 초래할 수도 있다. 적절한 규제는 불법과 비합리성으로 점철된 과거의 관행을 바로잡고 투명성과 객관성을 높인다는 측면에서 반드시 필요하다. 하지만 규제를 위한 규제가 되어선 안 된다. 형식이 과도해지면 내용이 부실해질 수 있고, 법과 원칙에 대한 분명한 인식과 존중이 없으면 규제는 요령을, 요령은 또다른 규제를 가져오는 악순환이 반복될지도 모른다.

04 개인을 감시하는 무례한 시선부터 감시해야 한다

나는 마치 아무런 예고도 없이 벌거벗은 채로 사람들이 다니는 큰길에 서 있는 것만 같았다. 감시의 시선은 예상치 못했던 도처에 있었다. 과연 '나'라는 개인이 감시받아야 할 사람인가? 나의 자유를 통제하려 드는 국가, 개인의 프라이버시를 침범하는 무례한 시선과 모든 개인을 잠정적 범죄자인 양 기록하고 녹화하는 장치야말로 정작 먼저 제대로 '감시'받아야 할 대상 아닌가?

한국에서 지내는 동안 나는 곳곳에 설치된 CCTV와 차량 블랙박스가 가장 신경 쓰이고 불편했다. 거리는 물론 건물 안팎, 심지어 식당 프라이빗 룸에까지 감시 카메라가 설치돼 있는 것에 놀라지 않을 수 없었다. 강남에 있는 근사한 식당에서 친지가 저녁을 사겠다고 초대한 적이 있다. 유명하고 맛있는 집이라고 해서 설레는 마음으로 식당을 찾았다. 분위기도 좋고 서비스도 친절했다.

그런데 음식이 나와서 막 입에 넣으려는 순간 나를 주시하고 있는 커다란 CCTV 카메라 렌즈가 정면으로 보였다. 이런 고급 식당의 프라이빗 룸에서 식사하는데 카메라가 나를 응시하고 있다니? 처음엔 기분이 좀 상했지만 한편으론 궁금증도 생겼다. 종업원을 불러 이유를 물었더니 "손님들을 방해하지 않으려고 카메라로 보고 있다가 필요할 때 온다"는 것이었다. 언뜻 들으면 배려하는 행동 같지만, 내가 식사하고 이야기를 나누는 동안 누군가가 계속 지켜보고 있다는 말 아닌가? 불편한 마음이 가시질 않았다.

서베일런스, 보호와 감시의 경계에서

서울신문과 국가인권위원회 공동 조사에 따르면, 2013년 기준 한국 사회에 설치된 CCTV는 410만 대에서 590만 대 사이로 추정된다. 인구 이동이 많은 서울의 대표 상업·업무지구인 강남대로와 지하철 1, 2호선 시청역 일대 등 서울시 네 곳의 CCTV 현황을 분석한 결과 평균 14.2미터에 한 대꼴로 CCTV가 설치되어 있어, 성인 남성 걸음 기준으로 5.5초에 한 번씩 찍히는 셈이다. 음식점이나 실내 공간 등 민간 CCTV는 아예 등록과 관리가 안 되고 몇 년 전에 실시한 조사인 점을 감안할 때, 현재는 CCTV에 노출되는 빈도가 훨씬 더 심각할 것으로 추정된다. 미국의 경우 백화점이나 호텔 입구, 우범 지역 등 보안이 꼭 필요한 곳을 제외하고는 CCTV를 찾아보기 어렵다. 9·11 테러 이후 대도시에는 방범용 CCTV 설치가 크게 증가했지만 아직도 그리 보편화된 편은 아니다.

또한 한국에선 이제 거의 대부분의 차량이 블랙박스를 달고 다닌다. 미국의 경우 캘리포니아주를 비롯해 12개 주에서는 대화 참여자 모두의 동의가 있을 때만 음성 녹음을 허용하므로 블랙박스로 탑승자 동의 없이 대화를 녹음할 경우 처벌받을 수 있다(갤럭시 폰에 있는 통화 녹음 기능이 아이폰에는 없다). 또 블랙박스를 차량에 달았더라도 그 블랙박스는 비행기에 설치된 것처럼 사고정보 기록장치event data recorder로서의 기능을 하는 것이지 한국과 같은 영상기록장치dashcam가 아니다.

CCTV나 블랙박스는 시민의 안전 면에서 큰 도움이 된다. 사실 대도시 중에서 서울만큼 안전한 곳도 별로 없다. 뉴욕이나 로스앤젤레스, 파리나 런던에서는 서울에서처럼 밤거리를 자유롭게 걸어다닐 수 없다. 그리고 유치원, 어린이집 등의 경우처럼 동의하에 CCTV가 촬영될 때, 아동학대 등의 심각한 사회문제를 조금이나마 미연에 방지할 수 있는 효과도 있다. 사건사고가 일어났을 때 CCTV나 블랙박스 기록이 중요한 증거로 사용되기도 하고 그런 장치의 존재 자체가 시민의 불안감을 어느 정도 해결해주기도 한다. 최첨단 기술을 시민의 안전을 위해 사용한다는 점에서 한국은 IT 강국

다운 후한 점수를 받을 만하다.

하지만 넘쳐나는 감시 카메라 때문에 개인의 프라이버시가 경시되고 있다. 내가 생활하는 모습을 10분 단위로 누군가가 지켜보고 있다고 생각하면 마치 벌거벗은 것처럼 부끄럽고 불편해지지 않는가? 떳떳하면 무슨 상관이냐고 항변할 수도 있지만 개인의 프라이버시는 시민의 안전 못지않게 보호되어야 할 중요한 인권적 가치다. 그러니 시민의 안전과 사생활 보호 간의 적절한 균형이 이루어져야 한다. 그런데 한국에서는 프라이버시 침해에 대한 우려가 별로 높지 않음에 사실 조금 놀랐다. 고도 감시의 시대에 들어선 한국으로선 심각한 불균형이 아닐 수 없다. 한국에 있는 동안 이런 문제를 제기하면 대부분 대수롭지 않게 여기거나 '감시'가 주는 불편함보다 혜택이 크다는 반응을 보였다. 정말 그럴까?

감시의 시선이 향하는 곳

2016년 초 미국에서 있었던 일이다. 미 연방수사국FBI이 캘리포니아주에서 일어난 테러 용의자의 아이폰에 담겨 있는 정보를 분석하기 위해 애플에 잠금해제 기술을 요청했다. FBI는 애플에 비밀번호를 무제한으로 입력해도 자료가 삭제되지 않고, 또 1만 가지에 달하는 번호 조합을 손으로 일일이 입력하지 않고도 빠르게 처리하는 방법을 요청했다. FBI는 미국 내 주요 범죄를 수사하는 최고의 국가 안보 기관이고, 미국에서 테러리즘은 국가 안보를 위협하는 최대 위험 요소로 인식된다. 그럼에도 애플은 FBI의 수사 요청에 협조하라는 법원의 명령을 일언지하에 거절했다. 애플 최고경영자인 팀 쿡은 '고객에게 드리는 메시지'를 통해 "정부는 애플이 우리 고객을 해킹으로부터 보호하기 위해 수십 년 동안 발전시켜온 보안을 해치려고 한다"며 이 요구를 수용하면 고객의 개인정보를 위협하는 '위험한 선례dangerous precedent'가 될 것이라고 그 이유를 직접 밝혔다. 구글 등 실리콘밸리 기업들도 애플의 입장을 지지했고 여론도 애플 편이었다.

이와 유사하게 한국에서도 카카오톡 감청 여부가 논란이 된 적이 있다. 2014년 묵비권을 행사중이던 한 시민단체 대표를 조사하던 검찰이 그가 주변인과 나눈 카카오톡 대화 내용을 카카오 측에 요청해 제공받은 것이 알려지면서 민간인 사찰 문제가 대두되었다. 압수수색 영장을 무분별하게 발급했을 뿐 아니라 영장 범위 안에 있지 않은 대화 내용들도 압수수색을 당하고, 이를 통해 카카오톡으로 소통한 친구 몇백 명, 많게는 몇천 명의 개인정보가 유출된 것이 알려지면서 시민들의 비난이 거세졌다. 논란이 커지자 카카오는 감청 영장 집행 거부를 선언했지만 1년도 채 안 되어 2015년에 다시 이를 허용하면서 "이전과 다른 방식"이라며 "카카오톡 단체대화방의 경우 수사 대상자를 제외한 나머지 대화 참여자들을 익명으로 처리해 자료를 제공하기로 했다"고 밝혔다. 이에 실망한 사용자들은 독일에 서버가 있는 텔레그램으로 '사이버 망명'을 하기도 했다. 여론 탓인지 2016년 10월, 카카오톡은 다시 수사기관의 감청 협조를 중단한다고 밝혔다.

국가 간 치열한 정보 전쟁은 어제오늘의 일이 아니다. 에드워드 스노든 전 미 중앙정보국CIA 요원이 폭로한 대로 미국도 광범위한 민간인 사찰을 해왔으며, 자국의 안보를 위해서는 동맹국 국가 원수의 통화 도청도 서슴지 않았다.

국가 안보나 시민의 안전은 분명 지켜야 할 가치가 있는 소중한 일이다. 그러나 동시에 개인의 프라이버시 문제도 양보할 수 없는 중요한 가치를 지닌다. 따라서 어느 한쪽으로 치우치지 않고 균형을 잡는 것이 매우 중요하다. 미국에서는 '감시연구surveillance studies'라는 연구 분야가 성립되었을 정도로 감시와 인권에 대한 관심과 논란이 뜨겁다. 이에 비해 한국은 프라이버시의 축을 너무 경시하고 있다. 특히 IT, SNS의 발달로 사생활을 감시할 수 있는 방법이 더욱 은밀해지고 다양해지고 있다. 이런 상황에서 '프라이버시 감수성'의 촉을 높이지 않으면 소중한 개인의 자유가 부지불식간에 침해당하는 일이 점점 잦아질 것이다.

조지 오웰의 『1984』에 나오는 빅브라더가 생각난다. 소설의 배경이었던 스탈린 시대의 소련은 망한 지 오래되었지만 빅브라더는 사라지지 않고 오히려 더욱 세련된 방식의 '빅시스터'로 나타나 우리의 생활을 지배하고 있다. 구글이나 페이스북이 보유하고 있는 엄청난 개인정보가 악용될 소지가 없다고 누가 장담할 수 있겠는가. 이들이 갖고 있는 빅데이터의 힘은 더욱 커지고 이에 비례해 빅데이터에 대한 분석 방법도 나날이 발전하고 있다. 막강한 정보력과 첨단기술을 앞세운 빅시스터가 지배하는 사회가 되지 않도록 막기 위해서라도 개인의 프라이버시는 더욱 존중되고 보호받아야 한다.

05 원칙은 공정하게, 처벌은 강력하게

사생활을 지킬 권리가 있는 개인은 투명하게 발가벗겨지고, 정작 투명해야 할 분야는 투명하지 않다.

규제와 감시가 늘어나고 있지만 왜 부정부패 관련 범죄는 줄어들지 않을까? 국제투명성기구Transparency International에 의하면 2016년 한국의 부패지수는 53점으로, 조사된 176개국 중 52위를 차지해 이웃 나라인 일본이나 대만에 한참 뒤져 있다. 50점대는 '절대부패로부터 벗어난 정도'를 뜻하며 70점 정도는 되어야 '사회가 전반적으로 투명한 상태'라고 볼 수 있다. 이 지수만 보더라도 한국 사회에 부정부패가 얼마나 만연해 있는지 충분히 짐작할 수 있다. 이렇게 된 가장 큰 이유는 겉으로는 규제와 감시가 늘고 있지만 실질적으로는 법과 원칙이 공정하게 집행되지 않기 때문이다.

관행이라는 변명

관행이었으니 당시 상황을 감안해 선처해달란다. 고위공무원 내정자 인사청문회에서 자주 듣는 말이다. 구차한 변명이다.

'위장 전입' '부동산 허위 계약서' '논문 표절' 등이 인사청문회에 단골 메뉴로 등장하고, 지금 기준으로 보면 잘못된 일이지만 과거에는 그것이 관행이었으니 당시 상황을 감안해서 선처해달라고 애원하는 것이 단골 대응법이다. 고위공무원 내정자 정도면 슈퍼 네트워크의 주축인 '갑'이고 대부분 자기 분야에서 성공한 사람들이다. 그런 사람들의 편법과 부정행위를 압축성장 시대의 그늘진 부산물이라고 봐달라니, 너무 구차한 변명 같아 받아들이기 어렵다. 잘못된 관행, 편법, 요령을 잘 터득해서 부를 축적한 사람들을 보고 있노라면 법대로 산 사람만 억울한 느낌이다.

관피아, 전관예우, 정경유착 등의 문제는 한국 사회에서 끊임없이 거론되는 이슈다. 전직 고위관료가 자신이 봉직하던 부처의 산하 단체나 관련 업계의 기관장으로 가는 경우 업계의 실질적인 로비스트로 활동하면서 이해관계가 상충될 소지가 많다. 그리고 이들을 감시 감독해야 할 정부 부처의 관리들은 선배인 관피아들에게 관대해지게 된다. 슈퍼 네트워크 때문에 규제와 감시의 사각지대가 생기는 것이다. 엄청난 파장을 몰고 온 세월호 참사나 2013년 원전 비리 모두 이런 유착 관계와 무관하지 않다는 것은 잘 알려진 사실이며, 관피아 척결은 전반적으로 사회적 공감대를 얻고 있다.

2016년부터 시행된 김영란법에 대해 슈퍼 네트워크에 속해 있는 사람들은 비현실적이라고 아우성이지만, 국민의 71퍼센트가 찬성을 표했다(2016년 10월 갤럽 조사). 그 이유로 "부정부패, 비리가 사라질 것"(31퍼센트), "사회가 투명·청렴해질 것"(17퍼센트), "부정청탁이 줄어들 것"(14퍼센트), "공직 사회 변화 기대"(9퍼센트)를 꼽았다. 공정한 사회를 향한 염원이 대단하다. 이는 2016년 대통령 탄핵 촉구 집회에서 그대로 표출됐다.

정관계, 경제계, 법조계, 의료계, 학계 등 한국 사회 전반에 만연한 책무와 이해관계의 상충 문제는 반드시 바로잡아야 한다. 하지만 아무리 엄격하게 규제하고 감시한다 해도 그 자체로는 한계가 있다. 그야말로 눈 가리고 아웅하는 식이 되기 쉽다. 법조계 전관예우의 경우도 퇴임 후 1년간의 '냉각기'를 두는 등 관련 규정들이 있지만 여전히 관행처럼 만연해 있다. 제대로 된 처벌 규정도 없는데다 최고 수백만 원의 과태료 처분이 전부라 전직 법관들은 전관예우 금지법의 허점을 파고들어 자유롭게 변호사 활동을 하고 있다. 대한변호사협회의 조사에 따르면 대법관 출신 변호사가 함께 일했던 대법관의 사건을 수임한 경우가 2016년에만 25건이다. 협회는 "대법관이 퇴임 후 변호사로 개업하는 나라는 우리나라를 제외하고 세계적으로 찾아보기 어렵다"며 "대법관이 퇴임 후 연고 관계를 이용해 사건을 맡는 행태는 정의와 형평에 반하는 것"이라고 지적했다.

공정한 법과 질서, 그리고 집행

한국도 이제 규제와 감시만 강화할 것이 아니라, 규제를 줄이더라도 만들어진 법을 어길 경우 공정한 원칙하에 엄격하게 집행해야 한다. 슈퍼 네트워크에 속한 사람들을 규제하고 감시의 사각지대를 없애야 한다. 그래야만 결과의 차이를 받아들이고 수긍할 줄 아는 문화가 만들어진다. 다시 말해 기회의 평등, 절차적 공정성과 정당성이 담보되어야 그에 따른 결과를 수용하는 사회적 분위기가 형성될 것이다.

더이상 목적이 수단을 정당화해서도 안 된다. 글로벌 기업 삼성이 한국 사회에 적지 않은 공헌을 했음에도 국민의 공분을 사는 것은 불공정 합병 의혹이 강하게 일었기 때문이다. 재판 결과를 봐야 하므로 예단하긴 이르지만, 구속영장 청구 사유를 보면 이재용 부회장이 본인의 경영권 승계를 위해 최순실이라는 비선 실세를 통해 대통령과 일종의 거래를 한 전형적인 정경유착의 사례로 보인다. 특검이 영장 청구를 하면서 '경제보다는 정의가 더 중요하다'고 판단한 것도 이러한 국민적 공분을 공유한 것으로 볼 수 있다.

항목은 많지만 솜방망이 처벌만 있는 허울뿐인 규제와 감시 대신, 공정하고 엄격한 원칙을 기반으로 제도를 만들고 이를 어기면 강력하게 처벌해야 한다. 미국의 에너지 기업 엔론은 2001년 15억 달러의 분식회계로 파산했다. 당시 최고경영자였던 제프리 스킬링은 24년 4개월형이라는 중형에 처해졌다. 월드컴의 회장 겸 최고경영자였던 버나드 에버스도 회계부정이 발각되어 25년형을 선고받았다. 기업 비리를 저지르고도 기껏해야 몇 년 옥살이하고 나오고, 그후에는 사면복권되는 한국의 재벌들과 비교된다.

슈퍼 네트워크 안에 있는 갑에게든 밖에 있는 을에게든 사회의 룰은 공정하게 적용되어야 한다. 그래야 구성원들이 사회적으로 형성된 믿음 속에서 자발적으로 원칙을 지키며 "하면 되겠다"는 생각을 안고 의욕적으로 일할 수 있기 때문이다. 박근혜 전 대통령과 삼성 이재용 부회장, 당시로는 대한민국에서 가장 힘 있는 두 사람이 국정농단과 뇌물공여 등의 혐의로 구속된 것은 참으로 허탈한 일이다. 하지만 한편으로 법 앞에선 그 누구도 더이상 예외가 있을 수 없음을 보여준 매우 중요한 사건이다.

한국 사회는 원칙에 목말라 있다. 그것이 지켜지지 않아 나라는 양극단으로 나뉘었고 사람들은 분노하고 있다. 정치권에서는 너무 쉽게 통합을 외친다. 통합은 각종 선거 때마다 가장 빈번하게 난무하는 슬로건 중 하나이기도 하다. 하지만 통합을 말하려면 분열의 이유부터 해결하는 게 순서다. 섣부른 통합을 주문할 게 아니라 서로를 믿지 못하게 만드는 각종 부패와 꼼수부터 뿌리뽑는 게 먼저 할 일 아닐까.

06 동종교배의 유혹

장하준 케임브리지 대학 교수가 서울대학교 임용에서 세 번이나 탈락한 일화는 유명하다. 도대체 왜? 당시 이러한 결과를 두고 장교수는 서울대가 필요로 하는 주류 경제학자가 아니라는 것이 주요 이유로 거론됐지만, 내 생각엔 폐쇄적 대학 문화와 연관이 깊어 보인다. 국제적으로 명망 있는 학자도 이토록 뚫기 힘든 아성이라니.

자신들만의 리그

미국 유수 대학에서 종신교수직을 받고도 한국으로 돌아가고 싶어하는 한국인 학자들이 제법 된다. 한국 대학으로 가고자 하는 이유는 사람마다 다르겠지만 그들의 공통점은 그동안 자신들의 영역에서 구축한 전문성을 한국에 전수할 수 있는 고급 인재들이란 점이다. 그런데 그들이 국내 대학 교수직에 지원했을 때 번번이 고배를 마시는 사례를 보게 된다. 연구 실적 등 객관적인 지표 면에선 이미 국내에 자리잡고 있는 학자들보다 우수한 경우도 많다. 실력에서 전혀 뒤처질 것이 없는데도 경쟁을 뚫기가 쉽지 않다는 것이다. 해외 명문대학에서도 인정받은 이들이 유독 한국 대학에서 자리잡기 힘든 까닭은 무엇일까?

가장 큰 이유는 나보다 잘난 사람을 수용하지 못하는 편협한 문화와 슈퍼 네트워크의 배타성 탓이 클 것이다. 우수한 인재가 오면 그룹 전체의 파이를 키워 모두가 이익을 공유할 수 있다는 '윈-윈' 마인드보다는 본인의 위치, 즉 내 밥그릇이 줄어들까봐 몸을 사리는 '제로섬' 인식이 강하기 때문이다. 특히 내가 있는 슈퍼 네트워크에 속하지 않은 외부인은 불편하기도 하고 혹시라도 그 외부인의 존재가 나의 네트워크에 도전이 되지 않을까 하는 염려도 있을 것이다. 그래서 채용하기 싫은데 마땅한 이유를 들기가 궁색해지면 실력을 폄하하든가 "이 친구는 실력은 괜찮은데 인간성이 문제란 말이야"라는 식으로 퇴짜를 놓는다. 과연 학자에게 애매모호한 단어로 표현되는 인간성이 실력보다 더 중요한지, 그리고 그 인간성은 누가 판단하는 것인지 의아해진다.

미국 대학의 경우 '타깃 오브 오퍼튜니티target of opportunity, 대상집단 기회고용'라는 제도하에 해당 분야에서 뛰어난 학자를 교수 정원에 상관없이 스카우트할 수 있다. 일종의 특채 개념이다. 내가 아이오와 대학에서 UCLA로, 또 스탠퍼드 대학으로 옮길 수 있었던 것은 내가 해당 학교 출신이거나 그들의 슈퍼 네트워크에 속해서가 아니다. 이유는 단순명료하다. 해당 학과나 프로그램에서 나 같은 사람이 필요했기 때문에 일면식도 없지만 먼저 제안하고 채용한 것이다.

이에 비해 한국 대학은 아직도 동종교배에서 벗어나지 못하고 있다. 2014년 자료에 따르면 서울대는 84.1퍼센트, 연세대는 73.9퍼센트, 고려대는 58.6퍼센트를 자교 출신 교수로 채우고 있다. 1999년 자교 출신 교수 채용을 제한하는 교수 임용 쿼터제가 생긴 이후 많이 낮아진 수치인데도 이 정도니 그동안 동종교배가 얼마나 심각했는지 짐작할 수 있다. 한국인들은 내가 스탠퍼드 대학 교수이니 당연히 스탠퍼드 대학에서 박사 학위를 받았을 것이라고 생각해, 그렇지 않다는 걸 알고는 오히려 놀란다. 그런 추론은 지극히 한국적인 관례에 토대를 둔 것이다. 나뿐 아니라 실제로 스탠퍼드 대학 교수 중 스탠퍼드 대학 출신은 손에 꼽을 정도로 적다. 내가 속한 사회학과나 아시아태평양연구소의 경우 스탠퍼드 출신은 한두 명밖에 없다. 그리고 나는 애초에 박사 학위를 받은 후 교수직에 지원할 때도 관행에 따라 내가 졸업한 곳은 제외하고 다른 대학들에만 지원서를 냈다.

미국은 한국과 정반대다. 혹시라도 동종교배가 일어날까봐 극히 꺼리고, 이를 미리 막으려 노력하기 때문이다. 미국에서는 자교 출신 교수 채용을 '학문적 동종교배academic inbreeding'라 칭하며 극도로 제한하고 있어, 특별한 사유가 있지 않은 한 자교 출신 교수가 임용되기 힘들다. 따라서 자교 출신 교수 비율이 보통 5퍼센트에서 최대 20퍼센트를 넘지 않는다. 자교 출신 교수가 본교로 돌아오는 사례도 적을뿐더러, 그나마도 다른 곳에서 학문적 업적을 쌓고 학계의 인정을 받은 후에야 온다. 독일의 경우 자체초빙금지규정Hausberufungsverbot을 두고 자교 출신 교수 임용에 훨씬 엄격한 기준을 적용하고 있다. 한국과 같은 동종교배는 생각할 수도 없다.

동종교배로 잃는 것들

동종교배는 득보다 실이 많다는 것이 정설이다. 실제로 자교 출신 교수들의 연구논문 실적이 타교 출신들에 비해 15퍼센트 떨어지고, 외부 학계와의 소통 면에서는 40퍼센트나 뒤처진다는 연구 결과가 있다(Horta, Veloso, & Grediaga, "Navel gazing: Academic inbreeding and scientific productivity," *Management Science,* vol. 56, no.3, March, 2010, pp. 414-429). 물론 한국은 외국에서 박사 학위를 받고 모교로 돌아온 경우가 많으므로 상황이 좀 다르지만, 그래도 선후배들로 가득한 학과에서 얼마나 자유롭고 비판적인 학문 활동이 이루어질지 의문이다. "내가 참석하면 교수회의이고, 참석하지 않으면 동문회가 된다"던 타교 출신 교수인 한 지인의 말이 실감난다.

한국처럼 학연, 지연으로 얽힌 교수 사회에서는 객관적인 교수 업적 평가도 어렵다. 미국에선 1년 가까이 걸리는 까다로운 테뉴어 심사 과정에서 가장 중요한 기준 중 하나가 해당 교수의 전공 분야에 있는 시니어 학자들로부터 받는 평가다. 스탠퍼드 대학은 12~15명의 외부 교수들로부터 이러한 평가를 받는다. 이들 중 대부분이 평가받는 사람과 친분이 없고, 만약 있는 경우에는 이 사실을 분명히 밝힐 의무가 있다. 한국도 미국 대학과 비슷한 제도를 도입하고 있지만 동종교배로 얽히고설킨 네트워크 탓에 제대로 실행될 수 있을지 우려스럽다. 한국에서는 교수 임용 부정 청탁 이슈가 아직까지 뉴스에 오르고 있어 참으로 안타깝다.

07 폴리페서의 늪

한국에서 교수들은 참 다양한 일을 하는 것 같다. 일단 칼럼니스트. 일간지 기명 칼럼에 자주 등장한다. 칼럼을 쓰는 것 자체가 문제일 수는 없다. 고백하자면, 나도 칼럼을 적잖이 썼다. 하지만 분명 전공 분야와 한참 무관한데도 거침없이 세상사 어느 분야든 경계 없이 논평하는 과감한 분들이 꽤 있어 놀랄 때가 많다. 또한 TV 시사 프로그램 고정 패널 역시 전공 분야를 별로 따지지 않는 것 같다. 그리고 각종 위촉위원, 자문위원, 고문 등 중요한 자리, 이름이 그럴듯한 자리에 발탁된 교수님들을 많이 봤는데, 그게 다 연구나 전문성과 관련 있는 자리들인지 궁금했다. 더구나 한국에선 교수가 장관이나 청와대 수석비서관이 되기도 하고 국회의원이 되는 모습이 낯설지 않다. SNS나 언론 인터뷰, 사설 등을 통해 정치 사안에 꼭 코멘트를 해야 속이 시원한 교수도 있고, 대선 캠프는 물론 정당의 비상대책위원이나 공천심사위원으로 참여하는 경우도 있다.

교수들이 바쁜 이유

교수들이 각자의 전문성을 살려 국가정책 수립에 도움이 되는 것은 바람직한 일이다. 미국이나 일본 등 다른 나라에서도 교수가 장관이 되기도 하고 대통령이나 총리의 참모로 근무하기도 한다. 스탠퍼드만 해도 전직 국무장관(조지 슐츠, 콘돌리자 라이스), 전직 국방장관(윌리엄 페리)의 사례가 있으며 국무부나 재무부, 백악관에서 근무하고 본연의 자리로 돌아온 교수들도 제법 된다.

하지만 한국과 다른 점이 한 가지 있다. 이들은 자신들의 전공을 살려 관련 부처의 국장이나 차관보 등 실무적인 경험을 쌓은 후 나중에 장관이 된 것이지, 한국처럼 교수가 바로 장관이나 청와대 수석으로 발탁되는 경우는 극히 드물다. 한국에도 잘 알려진 헨리 키신저는 케네디, 존슨 대통령의 보좌관으로 경험을 쌓은 후 닉슨 대통령의 국가안보 보좌관을 거쳐 국무장관이 되었다. 콘돌리자 라이스 장관도 그렇다. 라이스는 스탠퍼드 대학 부교수 시절인 1989년 부시George H. W. Bush 행정부에 발탁되어 미 국가안전보장회의 소련·동유럽 국장으로 실무 경험을 쌓았다. 그런 후 다시 대학으로 돌아왔다가 2001년 부시George W. Bush 행정부에서 국가안보 보좌관으로 일하다 국무장관이 되었다.

유교적 전통 때문인지 몰라도 한국 사회에서 지식인, 특히 대학 교수의 위상은 매우 높고 사회가 그들에게 거는 기대도 크다. 실제로 교수 전반의 지위나 명예는 미국보다 한국에서 훨씬 높게 인식되는 것 같다. 평균 소득을 따져봐도 1인당 국민소득 대비 한국 교수들의 월급이 미국 교수들에 비해 높을 것이다. 특히 미국 교수들은 일반적으로 방학 기간인 3개월 동안은 계절학기 강의 등을 하지 않는 한 월급을 받지 않는 데 비해 한국 교수들은 보통 방학에도 학기중과 같은 월급을 받는다.

미국에선 대부분의 교수가 연구와 강의를 최우선으로 삼고 있어 정부 일이나 정치에 직접 뛰어드는 경우는 드물다. 이에 비해 한국에선 교수들의 사회, 정치 참여가 자연스럽다. 이 같은 풍토가 과거 산업화와 민주화 시대에 매우 중요한 역할을 한 것은 사실이지만 지금은 그때와 다르다. 한국에서 소위 잘나간다는 교수들은 연구와 강의보다는 외부 행사, 정부 위원회 활동, 언론 활동, 정치 참여 등으로 매우 바쁘다. 19대 총선에서는 비례대표를 포함해 무려 15명의 현직 교수가 국회의원에 당선되었다. 18대부터 휴직 상태로 재선된 이들까지 합하면 더 늘어난다. 한국만큼 교수의 정치 참여가 많은 나라, 즉 폴리페서poli-fessor가 많은 나라가 있을까.

미국 교수 사회는 분위기가 한국과 사뭇 다르다. 내가 봐도 미국 대학에는 정말 연구와 강의가 좋아서 하는 교수들이 대부분이다. 여든이 넘어서도 열정적으로 연구활동을 하는 선배 교수들을 보면 존경심이 절로 우러난다. 내가 있는 사회학과에 존 마이어라는 유명한 교수가 있다. 세계사회이론을 정립한 학자로, 이분이 길러낸 수많은 제자가 지금은 미국의 최고 대학 여기저기에서 교수로 활동하고 있다. 이분은 여든 살이 넘은 지금도 매일 거의 같은 양복 차림에 자전거를 타고 연구실에 나오고 세미나나 워크숍에서도 활발하게 토론한다. 미국 대학에선 보직을 맡아 행정을 하는 교수가 거의 정해져 있는 소수이고, 한국처럼 돌아가면서 하지 않는다. 더구나 정치활동을 하는 사람은 극히 예외적이다. 물론 한국에도 연구와 강의에 충실한 교수가 많지만 교수로서의 사회적 위상을 활용해 다른 일에 열심인 교수들이 많은 것도 부정할 수 없다. 문제는 교수들의 지나친 외부 활동, 특히 정치권력과의 밀착이 지식인 사회에 대한 신뢰를 떨어뜨린다는 점이다. 차라리 미국처럼 교수의 위상은 그리 높지 못해도 정말 공부를 좋아하고 연구와 학문에 남다른 열정이 있는 사람들이 교편을 잡는 것이 더 낫지 않을까 하는 생각을 해본다.

책무의 상충, 이해관계의 상충

테뉴어는 교수직을 평생 보장하는 매우 중요한 제도다. 그런데 테뉴어를 운용하는 근본 취지는 직업의 안정이라는 복지 차원이 아니라 학문적 자유를 보장하기 위함에 있다. 그래야 인사권자의 눈치를 보지 않고 소신껏 학문 활동을 할 수 있기 때문이다. 그런데 한국에선 종신직을 마음 놓고 외부 활동을 할 수 있는 안전장치로 여기는 듯하다.

더구나 테뉴어 제도가 교수의 학문적인 자유를 보장하는 데도 그리 큰 영향을 미치지 않는 것 같다. 정작 테뉴어를 받은 교수들이 사회 정치에 과도하게 참여하느라 '알아서' 자기검열self-censorship을 하기 때문이다. 정부나 국회에서 한자리하려면 정치권력의 눈치를 보지 않을 수 없으니 말이다. 정치나 경제권력으로부터 자유로울 수 있는 지식인으로서의 권리를 스스로 포기하는 것이다. 국가적 주요 현안에 대해 양심적인 지식인으로서의 소신 있는 목소리를 내는 이들은 점점 더 찾아보기 어렵다.

스탠퍼드 대학 교수들은 매년 봄이 되면 지난해 교수로 활동하면서 '책무의 상충conflict of commitment'과 '이해관계의 상충conflict of interest'에 해당하는 일이 있었는지 보고할 의무가 있다. 교수 본연의 책임과 임무를 수행하는 데 지장을 줄 수 있는 외부 활동은 책무의 상충에 해당되므로 학교 차원에서 엄격하게 규제하고 기업, 정부 등 외부 기관의 자문이나 연구 프로젝트에 참여할 경우에도 대학의 품위를 손상하거나 이해관계가 상충되지 않도록 하는 세밀한 규정을 두고 있다. 몇 해 전 한국의 한 대학으로부터 겸임교수 제안을 받은 적이 있다. 한국과 좀더 많은 일을 할 수 있는 기회라는 생각이 들어 스탠퍼드 측에 문의했지만 '책무의 상충'이 있다는 답을 받고 정중히 거절할 수밖에 없었다. 외부 컨설팅 프로젝트에는 내 소속이 아무리 스탠퍼드 대학이라 해도 학교의 이름이나 로고를 일절 사용할 수 없을뿐더러 외부 기관의 디렉터나 매니저 등 의사결정권이 있는 관리직은 맡을 수 없도록 명시되어 있다.

한국은 어떤가? 이름 좀 있다 하는 교수들은 기업 컨설팅뿐 아니라 정부 부처, 정계에 깊숙이 관여하고, '이해 상충' 등에 대한 명확한 기준이나 가이드라인이 부재한 상황이다보니 최고의 국립 대학병원이라는 서울대병원이 한 다국적 담배회사가 지원하는 10억 원의 연구비로 담배의 유해성에 대한 연구 용역을 진행하다가 논란이 일자 뒤늦게 이를 취소하는 해프닝이 벌어지기도 한다(하버드 대학, 컬럼비아 대학, 캘리포니아 주립대 등은 담배회사로부터의 연구비 지원을 아예 금지하고 있다).

19대 장미 대선 기간 동안 한국에서는 무려 2,260여 명이나 되는 교수가 대선후보 캠프에 몰려들었다 흩어졌다(이중 공식 명단에 이름을 올린 사람은 120여 명뿐이었다). 오죽하면 비공개로 대선 캠프에 참여하는 교수를 일컬은 '두더지페서(두더지+폴리페서)'라는 신조어까지 생겼다. 앞선 18대 대선에서는 캠프에 참여한 500여 명의 교수 중 단 한 명을 제외하고는 아무도 교수직을 내려놓지 않은 상태였다고 하니 학생들의 수업권 침해는 물론이고 이들이 강단에 복

귀했을 때 학자로서의 책임을 지키며 교육과 연구의 의무를 진정성 있게 해나갔을지도 의문이다. 2016년 말, 폴리페서들이 다시 한번 논란의 중심에 섰다. 안종범 전 청와대 정책조정수석, 김종 전 문화체육관광부 제2차관 등은 정부에 발탁된 뒤 학자로서의 자존심을 버리고 권력의 노예가 되어 '최순실 게이트'의 핵심 공범으로 지목되며 국정을 혼란에 빠뜨리고 지성을 타락시키고 대학의 명예를 실추시켰다.

대학이 대학다우려면 폴리페서들의 정치 활동에 대한 엄격한 규제가 필요하다. 규제와 감시가 심한 한국에서 아이러니하게도 이처럼 중요한 사안을 놓치고 있다. 가령 교수들의 정치 참여가 책무의 상충이나 이해의 상충에 해당되지는 않는지, 정치에 참여할 경우 1년 이상은 휴직을 할 수 없다든지 하는 등의 분명한 규정이 있어야 할 것이다. 사외이사를 맡거나 정부 위원회 등에 참여할 경우에도 책무의 상충 여부를 분명히 하고 외부 활동에 쓰는 시간을 일주일에 하루 정도로 제한해 교수 본연의 업무인 강의와 연구에 몰두하도록 해야 한다.

대학이 변해야 한국의 미래가 있다. 사실 대학은 매우 관료적인 조직이며 변화 속도가 느리다. 어쩌면 철밥통이라는 공무원 조직보다 더 경직되어 있는지도 모른다. 특히 교수 사회는 교수들 각자가 비교적 독립된 행위자로 활동하기 때문에 일반 회사처럼 위계질서가 분명한 조직이 아니다. 학기중에도 교수 연구실은 비어 있는 경우가 많고 서로 어디서 무얼하고 있는지 알려고 하지도 않으며 알 필요도 없다. 출퇴근 시간도 자유롭고 외부 활동이 많다보니 교수 회의나 회식자리에서도 '전원 참석'은 거의 불가능하다고 한다.

교수의 독립성은 학문의 자유를 보장하기 위한 필수 요건이지만, 동시에 대학 사회는 변화에 둔감하기 쉽다. 하지만 그 둔감함은 4차 산업혁명 시대에 어울리지 않는다. 좀더 예민해져야 한다. 발빠르게 대처해야 한다. 변화하는 시대에 걸맞은 지적 파워를 생산하고 이에 필요한 인재를 키울수 없다면 대학교육은 사실상 직무유기인 것이다.

08 대학이 미래다

구글의 초창기 검색 엔진은 http://google.stanford.edu였다. 스탠퍼드 대학 도메인을 이용한 주소다. 고 프레더릭 터먼 전 스탠퍼드 공대 학장은 오늘날의 산학 협동 모델을 만든 선구자로, 실리콘밸리의 대부가 됐다. 터먼 교수의 학생이었던 휴렛과 패커드는 HP를 만들었다. 인터넷의 아버지로 불리는 빈트 서프Vint Cerf 교수 연구팀은 세계 통신 통제 규약/인터넷 규약transmission control protocol/internet protocol, TCP/IP하의 통신망을 만들어내며 인터넷 개발에 기여했다. 이 밖에도 야후, 구글 등 오늘의 실리콘밸리를 만든 많은 기업이 스탠퍼드 대학의 교정에서 시작됐다. 스탠퍼드 대학이 없었다면 실리콘밸리도 없었을지 모른다.

미국이 여전히 세계 최강대국의 지위를 유지하면서 4차 산업혁명을 이끌고 있는 비결은 '대학의 힘'에 있다. 4차 산업혁명이라는 개념은 2016년 1월, 스위스 다보스에서 열린 세계경제포럼을 계기로 본격적으로 논의되기 시작했는데, 한마디로 명확히 정의할 수는 없지만 통상적으로 기존 제조업과 첨단 ICT의 융합이 이루어내는 혁명의 시대로 이해되고 있다. 영국 일간지 더타임스에서 발표하는 세계 대학 순위를 봐도 2015~2016년 기준 상위 20개 대학 중 14곳이 미국에 있다. 2015년 기준 약 97만 5천여 명의 외국인 유학생이 미국 대학에서 공부하고 있다. 미국 대학은 가히 세계의 인재를 끌어모으는 블랙홀이라 할 수 있다.

한국도 산업화를 이루는 데 교육이 매우 중요한 역할을 했다. 한국인의 교육열과 대학 입학률은 여전히 세계 최고 수준이다. 하지만 그 안쪽을 들여다보면 안타깝다. 창조와 혁신의 바탕이 되어야 할 대학의 지적 역량은 오히려 뒷걸음치고 있기 때문이다. 수많은 한국 대학이 글로벌 대학을 지향한다는데, 교육부의 불필요한 규제는 강화되고 교수 사회의 동종교배는 여전하다. 영어 강의는 늘고 있지만 외국인 교수와 학생들에겐 여전히 배타적이고, 지성의 전당이어야 할 대학이 인재를 육성하기는커녕 취업 학원, 특히 고시 학원으로 전락했다는 비판을 피하지 못하고 있다. 더타임스가 발표한 2015~2016년 기준 세계 대학 순위에서 서울대가 85위로 유일하게 100위 안에 들었을 뿐이다.

과연 한국의 대학이 사회 경제적 변화를 이끌 만한 지적 파워를 생산해낼 수 있을까? 한국 대학생들을 보면 모두 열심히 공부하지만 미래에 대한 희망도 없이 짜인 틀 속에서 움직이는 표준품들 같아 보인다. 그럼에도 불구하고 한국의 많은 젊은이가 세계 무대로 나아가기에 충분한 자격과 가능성을 갖추고 있다. 이들의 잠재력을 현실 속에서 키워줄 사회적, 제도적, 문화적 환경이 준비된다면 이들의 '탈조선'은 무작정 대한민국을 떠나는 현실 도피가 아닌, 꿈을 좇아 더 넓은 세상으로 나아가는 생산적 '탈출'이 될 것이다. 나아가 한국 사회가 글로벌 인재를 끌어들이고 품을 수 있는 역량을 갖춘다면 자국의 인재들에게도 다시 한번 매력적인 사회가 될 수 있을 것이다. 열쇠는 대학이 쥐고 있다.

사과와 오렌지

미국 동부에 있는 아이비리그는 한국에도 잘 알려진 하버드, 예일, 프린스턴, 컬럼비아 등 8개 학교가 스포츠 경쟁을 하는 리그다. 하지만 비슷한 지역에 있는 네스캑 콘퍼런스를 아는 사람은 별로 없을 것이다. 네스캑The New England Small College Athletic Conference, NESCAC은 미 동북부의 리버럴 아츠 칼리지Liberal Arts College 11개교가 스포츠 경쟁을 하는 리그로 윌리엄스 칼리지, 애머스트 칼리지, 미들베리 칼리지 등이 여기에 속한다. 한국인에게는 다소 생소하게 들릴 수 있는 리버럴 아츠 칼리지는 주로 인문학, 기초과학 중심의 4년제 대학으로 대부분 학생 규모가 1~2천 명 정도로 작으며 우수한 학부 교육에 중점을 두고 있어 대학원 진학률은 오히려 아이비리그 대학들보다도 높다.

4천여 개 넘는 미국 대학의 힘은 각 대학의 다양성과, 서로 경쟁하는 동시에 보완하는 이들 대학의 협력 관계에 있다. 캘리포니아주의 경우만 해도 박사 과정까지 있는 UCUniversity of California 계열, 석사 과정까지 운영하는 CSUCalifornia State University 계열, 그리고 수많은 2년제 커뮤니티 칼리지로 나뉘어 있으며 대학들은 서로 보완적 협력 관계를 잘 유지하고 있다. 물론 미국 대학 중에서도 아이비리그의 사립대학이나 서부의 스탠퍼드 대학 등이 최고 대학으로 꼽히며 대학 순위에서 어느 정도의 평가 기준이 존재하는 게 사실이지만 한국식 관점의 대학 순위를 생각한다면 큰 오산이다. 미국의 대학들은 다양하고 특성화된 교육 프로그램으로 각기 다른 강점을 지니고 있으며 서로 경쟁하면서도 협력하는 유기적 공생 관계를 유지하고 있다.

가령 같은 캘리포니아주 남부에 있는 UCLA와 퍼모나 칼리지Pomona College 중 어느 대학이 더 좋으냐고 물으면 미국식으로 "사과와 오렌지apples and oranges"라고 대답할 수 있다. 두 과일 중 어느 것이 더 맛있는지는 취향에 따라 다른 것과 같은 이치다. UCLA는 주립 종합대학으로 학생 수가 4만 명이 넘고 대형 강의가 많아 꺼릴 수도 있는 반면 학교의 규모가 큰 만큼 다양한 프로그램을 제공하고, 캘리포니아 주민의 경우 비非캘리포니아 주민에 비해 등록금이 훨씬 저렴하다는 이점이 있어 인기가 많다. 반면 학부 과정만 있는 퍼모나 칼리지는 총 학생 수가 1500명에 불과해 소규모 강의를 들을 수 있고 교수 대 학생의 비율이 1대 8에 불과해 교수들의 관심과 지도를 받을 수 있어 졸업 후 대학원에 진학하거나 취업할 때 좋은 추천서를 받을 수 있다. 대신 주립대학에 비해 몇 배 비싼 등록금을 감수해야 한다. 따라서 UCLA와 퍼모나 칼리지 중 어느 대학이 좋으냐고 하는 것은 비교 자체가 오류인, 정답이 없는 잘못된 질문이라고 할 수 있다. 그보다는 개개인의 성격이나 취향, 관심 분야, 그리고 재정 상황을 고려할 때 어느 대학이 더 적합한지 고민하는 것이 맞다.

이에 비하면 한국 대학은 너무 획일적이고 서열화되어 있다. 국립대학과 사립대학이 있고 카이스트나 포항공대 등 특성화된 대학이 있긴 하지만 실제로는 큰 차이가 없으며, 결국 대부분 입시 성적에 맞춰 학교를 선택한다. 서울대와 연세대를 비교해보면 각각 국립과 사립임에도 대학의 규모나 프로그램, 학생들과 교수진 구성, 등록금 면에서 별다른 차이가 없다. 한국에선 아직도 거의 대부분의 학생들이 다양한 옵션을 가지고 자신에게 맞는 대학과 전공을 선택하기보다는 수능 점수와 내신등급 등에 따라 서열화된 순서에 맞추어 학교와 전공을 정하는 것이 일반적이다.

한국 사회의 인구학적 상황과 고등교육 체계를 고려할 때 대학의 미래는 그리 밝지 못하다. 학령 인구의 감소로 이미 많은 대학은 정원 미달의 위기를 겪고 있으며 교육부의 지원금에 의존해 간신히 버티고 있는 실정이다. 더구나 조기 유학 등으로 인재 유출은 더욱 가속화되고 있다.

이러한 위기의식 속에서 정부도 정원 감축, 새로운 대학 평가 체제 도입, 대학 특성화 사업을 통한 구조 개혁 등 여러 대처 방안을 내놓고 있다. 하지만 단순히 학과·전공별 특성화만으로는 근본적인 구조조정이 어렵고, 결국 인원 감축으로 끝날 가능성이 크다. 또한 특성화 사업으로 인해 인문학이나 기초 자연과학 분야는 고사되고 취업을 위한 기술 습득 위주로 대학의 역할이 전환되어 대학이 대학다움을 잃어버릴 수도 있다. 지원금을 따내기 위해 교육부가 제시한 평가 지표에 끼워맞추기 급급하고, 그 과정에서 학내 구성원 간의 갈등과 모순이 증폭돼 경쟁력 제고는커녕 대학 발전의 원동력마저 잃어버릴 우려가 있다.

한국 대학이 위기를 극복하려면 고등교육 생태계가 활력을 얻을 수 있는 근본적인 변화가 필요하다. 이를 위해선 단순히 학과나 전공의 특성화만 논의할 것이 아니라 좀더 큰 틀에서 대학 자체의 특성화를 고려하고 이들이 서로간의 유기적 공생 관계를 맺도록 유도하는 데 정책적 지원의 초점이 맞춰져야 한다. 한동안 한국 대학들은 미국 대학을 벤치마킹한다며 연구 중심 대학으로 전환하려 했다. 하지만 모든 대학이 대학원 과정을 두고 연구 중심으로 갈 필요는 없다. 그럴 경우 잘못하면 오히려 학부 교육을 등한시하게 되고, 그렇다고 대학의 연구 역량이 급격히 향상되는 것도 아니다. 미국에 연구 중심 대학이 있기는 하지만 한국에서 벤치마킹하려 했던 스탠퍼드나 하버드 등 최고 대학들은 학부 교육과 대학원 연구가 균형을 이루고 있으며 단순히 연구 중심 대학으로 분류할 수 없다. 오히려 이들 대학은 최근 학부 교육을 강화하는 추세다.

대학별 특성화

한국도 대학별 특성화를 추진해야 한다. 연구 중심의 대학도 있어야 하지만 미국의 리버럴 아츠 칼리지처럼 학부 중심의 인문학 대학도 육성하고, 대학 전체를 기초 분야나 기술 분야 등으로 특성화할 경우 정부에서 일반 회계로 재정을 지원하는 등 고등교육 생태계의 발전적 변화를 유도해야 한다. 이러한 대학 특성화는 인문학, 기초과학의 위기를 타개할 수 있는 현실적인 대책이 될 것이다. 더 나아가 다양한 특성을 가진 대학들이 서로 유기적인 공생 관계를 맺게 되면 대학 간 양극화도 줄어들고 모두에게 이익인 상호 윈윈 관계가 될 수 있다.

앞에서 언급한 UC의 경우 학부 정원의 3분의 2에서 4분의 3만

고등학교 졸업생 중에서 선발하고 나머지는 2년제 커뮤니티 칼리지를 졸업한 편입생으로 충원한다. 고등학교 성적이 썩 좋지 않아 졸업 후 바로 UC 계열 대학에 들어가기 힘들다면 일단 커뮤니티 칼리지에 진학한 후 1, 2학년 동안 열심히 공부해 UC나 CSU 계열 대학으로 편입학하면 된다. 커뮤니티 칼리지의 학비는 4년제 대학 등록금과 비교도 안 되게 저렴하기 때문에 적어도 2년간 등록금이 많이 절감되므로 성적과 관계없이 경제적 이유로 이러한 선택을 하는 학생들도 적지 않다. 캘리포니아주의 재정 지원을 받는 UC, CSU, 커뮤니티 칼리지 간의 유기적 공생 관계가 형성되어 있어 가능한 일이다. 마찬가지로 리버럴 아츠 칼리지는 간혹 석사 학위 과정을 두는 것을 제외하고는 아예 대학원을 두지 않고 탄탄한 학부 교육으로 학생들을 준비시켜 좋은 대학원에 진학시키는 데 초점을 맞춘다.

한국도 대학 특성화를 실현하기 위해 일단 사립대학은 제외하고 국공립대학에 한정해서 서울대 정원의 20~30퍼센트를 지방 국립대 출신 편입생으로 채우고 지방 국립대 정원의 20~30퍼센트를 전문대 출신 편입생으로 채우는 식의 구조개편을 고려해볼 만하다. 그러면 서울대, 지방대, 전문대 간의 좀더 유기적이고 공생적인 관계가 이루어질 수 있다. 서울대와 지방 국립대 간의 수준 차가 큰데 어떻게 이것이 가능하냐고 반문할지 모르지만, 미리 겁먹을 필요 없다. 미국에는 커뮤니티 칼리지 2년을 이수하고 UC 버클리나

UCLA 등의 명문 대학으로 편입해 우수한 성적으로 졸업하는 학생들이 많다. UC 버클리의 경우 2016년 4,632명의 편입학생을 받는 등 해마다 정원의 약 20퍼센트를 커뮤니티 칼리지에서 편입하는 학생들로 채우고 있으며, UCLA는 2016년 5,667명의 편입학생을 받는 등 해마다 정원의 약 30퍼센트를 편입학생들로 채우고 있다.

또한 이러한 교육 생태계 내의 순환이 이루어진다면 한번 루저는 영원한 루저가 아니고 재수, 삼수를 하지 않아도 새로운 기회가 주어지므로 입시에 지친 젊은이들에게 희망을 줄 수 있다. 여러 사정으로 인해 전문대에 진학하더라도 뜻이 있다면 그곳에서 열심히 공부해 지방 국립대로, 그리고 더 나아가 서울대학교로 편입학할 수 있는 기회가 열려 있는 셈이니 말이다.

2부

실리콘밸리를 생동하게 만드는 정신

SUPERFICIAL KOREA

01 착하고 무난한 표준 말고, 퇴는 '퍼스트 무버'

너무 착해서 탈이다. 너무 착한 나머지 너도나도 고만고만해져버렸다. 너무 조용하다. 좀 다른 생각이 있어도, 한번 말해볼까 망설이다 접고 만다. 뭘 좀 해보려다가도 '이런 나를 어떻게 생각할까?' 하고 멈칫하는 자기검열의 허들을 넘지 못하게 하는 공기가 있는 것만 같다.

한국 기업들이 만년 '패스트 팔로어fast follower' 소리를 듣는 건 한국 사람들이 똑똑하지 못해서가 아니라고 생각한다. 어쩌면 너무 똑똑해 쓸데없는 걸 두려워하고 걱정하는 일에까지 똑똑하기 때문인 듯하다. 착하게, 주어진 틀 안에서만. 그러나 이젠 그런 똑똑함 말고 다른 종류의 똑똑함이 필요하다. 또한 용기가 필요하다. 타인의 의사를 확인하기 전에 내 생각과 내 꿈, 내가 원하는 것을 과감하게 밀고 나가는 용기 말이다.

스탠퍼드 대학에 재미있는 농담이 있다. 똑똑한 학생들은 대학 졸업 후 법대나 의대를 가지만, 정말 똑똑한 학생들은 중퇴하고 창업한다는 것이다. 마이크로소프트의 창업자 빌 게이츠, 페이스북의 마크 저커버그, 애플의 스티브 잡스 등이 모두 학부 중퇴자라는 것은 이미 잘 알려진 사실이다. 차원이 다른 똑똑함을 기르려면 '사고의 틀'이 바뀌어야 하고, 교육도 달라져야 한다고 생각한다. 이건 교육 분야에만 한정된 얘기가 아닐 성싶다.

대체재가 아닌 보완재

이제 필요한 것은 '대체재'가 아닌 '보완재'다. 글로벌 사회의 차별화된 인재, 기업은 남과 다른 독특한 기술이나 재주가 있어야 하고 이러한 자신만의 가치가 다른 사람의 것과 상호 보완될 때 더욱 빛을 발할 수 있다. 다른 사람이 쉽게 대체할 수 없는 나만의 '값어치'를 만들어야 한다는 이야기다. 한국의 교육은 아직도 너무나 많은 규격화된 대체재를 만들어내고 있다.

한국은 초·중·고등학교에서 모두가 거의 동일한 과정을 이수해야 한다. 그뿐인가. 가장 유연한 사고를 해야 할 청소년들을 인문·사회계열과 자연계열로 나눠 인위적 학문의 틀에 가두어버리는 문과, 이과 구분 관행은 한국이 그렇게 청산하기를 원하는 식민지 교육의 잔해일 뿐이다. 자율형사립고나 대안학교 등 새로운 형태의 학교들이 생겨나고 있지만 결국 대학 입시라는 최종 목표를 향해 달려간다는 점에서는 일반 학교들과 다를 바 없다. 현재 한국 교육은 엄청난 가능성을 갖고 있는 청소년들을 특징 없는 고만고만한 표준품으로 양산하고 있다. 산업화 시대에는 표준화된 노동력이 필요해 규격화된 대체재가 중요했지만 유연한 노동flexible labor이 중요한 지금 시대에는 쉽게 대체할 수 있는 표준품이 아닌 나만의 영역을 찾아야 경쟁에서 살아남을 수 있다.

그러면 미국은 어떤 교육을 통해 그런 보완재를 키워나가고 있는가. 미국의 교육 시스템에 대해서 미국인들조차 100퍼센트 만족하지 않으며 미국 교육에도 여러 가지 문제가 많지만 몇 가지 우리가 주목해야 할 유의미한 요소가 있다.

가장 도드라지는 요소는 다양성과 유연성이다. 미국에선 중학교 때부터 본인의 관심사나 학업 능력에 따라 필요한 과목을 선택해서 들을 수 있다. 예를 들어 미국의 고등학교에선 어느 정도의 필수 수강 가이드라인만 만들어놓고 학생들이 그 안에서 각자 관심사에 따라 시간표를 짤 수 있게 한다. 한국 교육에서 가장 큰 부분을 차지하는 수학 또한 미국 고등학교에선 각자의 수준과 필요에 맞는 수업을 듣게 함으로써 학생들이 특정 과목에 대해 가질 수 있는 거부감이나 부담감을 최소화한다. 이를 우열의 개념으로 접근하는 것이 아니라, 각자 흥미와 관심도가 다를 뿐이라는 인식이 널리 퍼져 있다. 이렇게 해나가다보면 자연히 학생마다 자신의 관심사에 따라 어떤 영역을 자율적으로 탐구해나가는 과정에 익숙해진다.

이렇게 형성된 '습관'은 대학교 과정에서 극대화된다. 한국은 아직도 전통적인 방식, 즉 공급자 중심의 교육을 한다. 교수들이 중요하게 생각하는 주제나 과목이 중심이 되고 수요자, 즉 학생들이 관심 있어하는 주제나 사회가 중요하게 생각하는 이슈는 경시된다. 그런데 애플의 아이폰이 성공한 것은 생산자보다 사용자 친화적인user friendly 제품이었기 때문이다. 미국에서는 대학도 이런 흐름을 타고 있다. 스탠퍼드 대학에서는 어떤 학생의 관심이 정해진 기존 전공 틀에 맞지 않을 경우 그 학생 고유의 전공을 만들 수 있도록 허용하는데, 교수 3명의 동의를 받아 자신에게 맞는 커리큘럼을 만들면 된다. 또한 1학년과 2학년을 대상으로 정규 학기가 시작되기 전에 미리 2~3주 동안 관심 있는 이슈에 대한 세미나를 들을 수 있도록 한다. 전공이 아니더라도 사고의 폭을 넓힐 수 있도록 장려하는 취지에서다. 요즘 인기를 끌고 있는 '디자인 사고d.thinking' 과목은 인문, 사회, 경영학 분야의 아이디어를 공학과 디자인 분야의 방법론에 접목시키려는 시도로, 기존의 틀을 넘어선 창의적인 사고와 접근을 가능하게 해 학생 개개인 나름의 전문성과 니치niche를 갖도록 도와주는 교육 방식이다.

어쩌면 나도 이러한 미국 교육의 수혜자일 것이다. 내가 미국 학계에서 활동하면서 고심했던 가장 큰 고민은 어떻게 나만의 고유 영역을 확보할 것인가 하는 문제였다. 쓰고 말하는 언어가 중요한 사회과학에서 아무리 영어를 잘해도 원어민을 따라갈 수 없는 핸디캡을 딛고 미국 학계에서 경쟁하는 것이 호락호락하지 않았다. 게다가 미국 대학에서 한국을 연구하고 강의하는 데 그치는 것이 만족스럽지 않아, 이런저런 고민 끝에 미국 사회과학 분야에서 최고의 한국 전문가가 되어 한국과 미국의 가교 역할을 하겠다고 마음먹었다. 우리가 미국을 이해하는 데 한계가 있듯이 외국 학자가 한국을 이해하는 데도 한계가 있을 수밖에 없으니 그 틈새에서 내가 갖고 있는 경험과 한국에 형성돼 있는 네트워크가 유용한 강점이 될 수 있을 것이라고 생각했다. 물론 쉽지 않은 일이었지만, 그래도 나름대로 영역을 구축해가면서 대체재가 아닌 보완재가 되려고 끊임없이 노력했다.

특색 없이 무난한 표준품으로는 글로벌 무대에서 더이상 경쟁력을 갖기 어렵다. 그런데도 한국 사회는 여전히 똑똑하고 꿈 많은 젊은이들에게 절대로 튀지 말고 최대한 무난해질 것을 주문한다. 하지만 명품이 왜 명품인가? 자신만의 브랜드 가치name value가 있기 때문이다. 마찬가지로 미래의 인재들도 각자의 고유 영역을 가지고 있어야 한다. 그 영역을 개발해가도록 돕는 것이 교육의 목적이고 책임이다.

박스에서 나오라

"박스에서 나오라think outside the box"는 말이 있다.

박스 속에 앉아 바깥세상의 동향을 살피며 눈치로 요령껏 따라가기만 해선 패스트 팔로어는 될지언정 퍼스트 무버first mover나 트렌드 세터는 될 수 없다. 나만의 고유 영역을 가진 보완재가 되려면 생각과 행동의 틀을 제한하고 있는 고정관념의 틀에서 나와야 한다.

하지만 판박이 교육과 틀에 박힌 사고에서 좀체 벗어나려 하지 않는 한국 사회에서 박스 밖으로 나오는 것은 말처럼 쉽지 않다. 실패를 감수할 용기와 배짱, 안정을 추구하라는 주위의 온갖 조언과 충고에 흔들리지 않을 강한 자신감과 추진력이 있어야 한다. 나를 감출 수 있는 안전한 박스에서 스스로 걸어 나온다는 것은 위험이 따르는 일이다. 더구나 '다름'과 실패를 쉽게 용인하지 않는 한국 사회에서 이런 결정을 하기란 주저될 수밖에 없다.

한국의 한 사립대학 국제학부에서 특강 형식의 수업을 한 적이 있다. 영어로 진행된 강의였는데, 스탠퍼드 학생들과 비교해보면 지적 수준에서는 큰 차이가 없었고 학업에 대한 열의는 오히려 더 큰 것 같았다. 그러나 스탠퍼드 학생들에 비해 무언가 자신감이 결여되어 있고 주위 눈치를 보는 느낌이 들었다. 그래서인지 새로운 생각이나 자신의 일에 대한 비전이 적어 보였다. 국제화가 잘되어 있다는 이 대학교 국제학부 학생들이 그렇다면 일반 대학생들은 더

할 것이다.

더욱 심각한 문제는 박스에서 나오려면 먼저 이 박스가 무엇인지 깨달아야 하는데, 많은 이가 자신이 어떤 박스에 갇혀 있는지도 잘 모른다는 것이다. 학생들과 이야기해보면 박스에 갇혀 있어도 답답함보다는 안정감을 느끼기 때문에 막상 본인이 박스에 갇혀 있다는 사실조차 인지하지 못하는 것 같다. 각자의 적성과 강점을 살리기보다는 현실에 안주해 대기업 직원이나 공무원 등 그럴듯해 보이고 안정적인 직업을 갖고 정착하기를 원하는 것도 마찬가지 이유다. 견고한 박스에 가둬 키우는 한국 교육의 힘이 참 대단하다는 생각이 들었다. 어쩌면 사회에서 강제하고 덧씌운 박스가 견고할수록 내가 무엇을 원하는지 스스로 의심해보는 것이 박스에서 탈출하는 첫번째 관문 아닐까. 저마다 각자 찾아가야 할 꿈이나 미래마저 주입시키는 한국 사회에서 대기업 직원이나 공무원이 되려는 게 정말 개인의 의지일까? 혹시 남들이 원하니까 나도 원한다고 막연히 믿으며 함께 휩쓸려가고 있는 것은 아닐까?

이제 교육은 견고한 박스를 씌우는 쪽이 아니라 오히려 있던 박스도 없앨 수 있게 도와주는 쪽으로 방향을 틀어야 한다. 또한 사회 자체도 그런 경계를 무너뜨리는 쪽으로 유연성을 획득해야 한다. 사회가 바뀌지 않는데 교육체계만 바꾸라고 할 수는 없다.

박스에서 나오게 하려면 무엇보다 실패를 용인하는 사회가 되어야 한다. 박스 자체를 없앨 수 없다면 그 박스를 박차고 나오는 도전을 용인하고 장려하는 교육과 문화가 뒷받침되어야 한다. 실리콘밸리에서는 '실패한 경험이 성공의 필수 조건'이라고 한다. 그만큼 이곳에서는 실패를 지극히 가치 있는 경험으로 여긴다. 트위터의 에번 윌리엄스Evan Williams는 2005년 설립한 오데오Odeo라는 팟캐스팅 회사가 성공하지 못하자 마지막이라 여기고 떠난 2주간의 휴가에서 트위터라는 아이디어를 생각해낸 일화로 유명하다. 빌 게이츠 또한 마이크로소프트를 설립하기 전인 1972년, 트래프-오-데이터Traf-O-Data라는 교통자료 분석 회사를 설립한 이력이 있다. 비즈니스는 성공하지 못했지만 이때의 경험은 훗날 마이크로소프트 설립에 엄청난 교훈과 아이디어를 안겨줬다고 한다.

실패를 용인해야 박스에서 나와 새로운 도전을 할 수 있다. 또한 단번에 성공한 사람은 자신이 성공한 이유를 모르지만 실패를 경험한 사람은 자신이 실패한 이유를 찾음으로써 성공에 한 발짝 더 가까워질 수 있다. 때문에 실리콘밸리에서는 성공 스토리만큼이나 실패한 경험도 자연스럽고 자랑스럽게 공유하는데, 실제로 실패 사례를 공유하는 '실패 콘퍼런스Failcon'가 매년 정기적으로 열리기도 했다. 구글이나 페이스북 창립자처럼 젊은 나이에 성공한 사람도 있지만 실리콘밸리의 기업인들은 한두 번 실패한 후 성공한 경우가 대부분이다. 한 번의 실패로 '루저'가 되어 세간의 손가락질을 받고 낙오자 취급을 받는 것은 물론, 심하면 감옥행으로까지 이어지는 한국과는 사뭇 다르다. 실리콘밸리에서는 실패가 패배를 의미하거나 곧장 포기로 이어지지 않는다. 스티브 잡스와 같은 실패자가 재기에 성공할 수 있었던 이유다.

주위를 살펴보면 한국에는 좋은 재목이 될 인재가 수두룩하다. 단지 이러한 젊은이들을 견고한 박스에 가두어놓는 교육이 문제다. 이들을 둘러싸고 있는 박스, 특히 학벌, 전공, 직업 등에 대한 강박관념에서 벗어나 젊은이들이 자신의 길을 찾아가는 훌륭한 재목이 될 수 있도록 격려하고 장려해주지 못하는 사회가 안타까울 뿐이다.

패스트 팔로어에서 퍼스트 무버로

몇 년 전부터 떠오른 화두 중 하나가 '삼성은 애플을 넘어설 수 있을까?'이다. 아이폰으로 대변되는 스마트폰을 애플에서 처음 개발했고, 삼성은 이를 잘 모방해 갤럭시라는 최대 라이벌 제품을 내놓았다. 어느 기업이나 어느 제품이나 막강한 라이벌이 존재하기 마련이지만 갤럭시와 아이폰의 관계는 조금 특이한 점이 있다. 세계 시장 점유율에서 보면 삼성이 애플을 앞서는데, 수익 점유율에선 애플이 약 90퍼센트를 차지하며 독식하고 있다.

왜 그럴까?

여기에 대해선 여러 가지 설명이 있을 수 있지만, 결국은 퍼스트 무버와 패스트 팔로어의 차이가 이런 결과로 나타났다고 생각한다. 패스트 팔로어 전략은 안정적이기 때문에 많은 회사가 선호한다. 반면 퍼스트 무버는 큰 위험부담을 감수해야 하지만 동시에 성공하면 대박을 터트릴 수 있다. 애플이 경쟁사들과 눈치 경쟁을 하지 않고 단 몇 가지 아이폰 모델을 가지고 고가품 전략을 펼 수 있는 것도 자신 있는 퍼스트 무버이기에 가능한 일이다. 애플의 혁신은 패러다임의 전환에 있었다. 핸드폰을 단순히 통화하는 기계가 아니라 몸에 지니고 다니는 작은 컴퓨터로 만든다는 생각은 당시에 정말 혁신적이었다. 또한 애플리케이션을 통해 상거래 등 일상에 필요한 일을 스마트폰만 있으면 간단히 실행할 수 있게 하고 새로운 비즈니스 모델을 개척한 것도 정말 획기적이고 탁월한 아이디어였다.

갤럭시가 나오기 직전에 삼성의 한 고위 임원과 나눈 대화가 생각난다. 그는 "우리도 스마트폰을 개발하고 있었지만 어떻게 될지 몰라 고민하고 있었는데 애플이 아이폰을 출시하면서 그 방향이 확실하게 잡혔다. 그래서 이젠 밤을 새워서라도 좋은 제품을 만들어 애플을 따라잡을 자신이 있다"고 말했다. 그리고 그 말대로 됐다. 삼성의 패스트 팔로어 전략은 적중했고, 삼성전자는 대표적인 글로벌 기업으로 우뚝 섰다. 그러나 삼성이 언제까지나 이런 전략을 고수할 수만은 없다. 턱밑까지 추격해오는 중국 '패스터 팔로어faster follower'들의 돌풍이 거세지고 있는 현 상황에서 삼성은 퍼스트 무버로서의 여유로움도, 패스티스트 팔로어fastest follower로서의 무한

한 역량도 가지고 있지 않기 때문이다. 삼성이 애플과, 화웨이를 필두로 한 중국 경쟁사들 사이에서 샌드위치가 될지 모른다는 우려가 나오는 것도 이러한 이유 때문이다.

문제는 삼성이 과연 패스트 팔로어에서 퍼스트 무버로의 높은 턱을 넘을 수 있느냐 하는 점이다. 삼성이 퍼스트 무버가 되기 위해선 혁신을 가져올 문화를 만들어야 한다. 최근 들어 삼성은 소프트웨어 분야에서 외국 엔지니어 채용도 늘리고 실리콘밸리에 연구개발센터를 확장해 현지 인력도 채용하고 있지만 근원적으로는 기업 문화가 바뀌어야 한다. 삼성전자에 입사한 아는 재미동포나 외국인 인재들이 대부분 오래 견디지 못하고 뛰쳐나왔다. 미국 기업에서 오랫동안 일하다 한국 기업에 임원으로 스카우트된 친구도 군대 같은 한국 기업의 위계질서에 적응하기 힘들고 미국 기업과 달리 자신의 아이디어를 내세울 수 없는 상황이 답답하다며 3년 만에 되돌아왔다. 튀지 말고 시키는 일만 묵묵히 하기를 바라는 조직문화에 지쳤다는 것이다.

과거에는 패스트 팔로어로도 생존이 가능했지만 이제는 퍼스트 무버, 트렌드 세터가 되지 않으면 넘쳐나는 패스트 팔로어들의 경쟁 속에서 살아남기 어려운 시대가 되었다. 결국 교육과 문화가 먼저 바뀌어야 한다.

02 방향을 잃은 이상한 스펙 인플레이션

'스펙spec'이란 콩글리시에 가까운 표현인데, 한국에서 널리 사용되고 있다. 내가 나름대로 파악해 정의를 내리자면, 스펙은 '사양'을 뜻하는 '스페시피케이션specification'의 줄임말로, 주로 구직자들 사이에서 어느 정도 수치화가 가능한 학력, 학점, 토익 점수 등을 일컫는다. 넓은 의미로는 인턴십 경험, 해외 유학이나 어학연수 경험, 각종 공모전 입상이나 수상 경력 등 자기소개서에 써넣을 만한, 예비 사회인으로서 쌓을 수 있는 경력으로 간주할 만한 요소까지 포함하기도 한다.

영미권에서는 주로 '퀄리피케이션qualification'이라는 말을 쓰지만, 이것이 한국 구직자들이 쓰는 스펙이란 단어에 적확히 대응하는 표현이라고 보기는 힘들다. 퀄리피케이션은 해당 직무를 수행하는 데 직접적으로 꼭 필요한 일종의 기본적인 자격 요건을 뜻하지만, 한국에서 스펙이란 말은 (점수의 경우) 높으면 높을수록, (자랑할 만한 경험이나 수상 경력의 경우) 많으면 많을수록 좋은, 즉 '고사양(고스펙)'일수록 좋은 것으로 간주되기 때문이다. 컴퓨터에서 CPU 성능을 업그레이드하듯, 구직자 역시 스펙을 계속 업그레이드하려는 욕망 내지는 압박감을 느낀다. 결과적으로 이는 구직자들 사이에서 무한한 '스펙 인플레이션'을 야기한다.

나라를 버리고 싶다

정작 하고 싶은 일이 무엇인지 알아갈 시간도, 고민할 여유도 없이 대학에 입학했는데, 한숨 돌리기도 전에 취업난이 심각하니 스펙을 쌓으란 압박에 시달린다. 요즘은 대학에서 열리는 취업설명회에서 자못 심각한 표정의 새내기도 어렵지 않게 발견할 수 있다고 한다. 고등학생 때는 일단 대학에 입학하고 나서 생각하라고 하기에 그러면 되는 줄 알았지만 그럴 틈도 없이 다시 현실에 떠밀려 질주해야 한다. 이야기를 듣는 내가 다 숨이 막혀왔다.

"졸업 후 꼭 한국에 살고 싶은 사람은 손 들어보세요."

안식년 동안 한국 대학에서 몇 차례 특강을 하면서 늘 던졌던 질문이다. 적게는 100명에서 많게는 500명의 학생이 수강하는 대형 강의가 대부분이었다. 이 강의를 통해 내 생각을 공유하고 싶기도 했지만 요즘 한국 대학생들의 생각과 고민을 알고 싶은 욕심도 있었다. 그런데 놀랍게도 대다수의 학생이 꿈을 펼칠 수 있는 곳이면 꼭 한국이 아니어도 좋다고 주저없이 대답했다.

가족이 이민을 가는 등 특별한 경우가 아니고는 한국인으로서 한국에 사는 것이 당연하다고 생각하던 나의 대학 시절과 비교하면 정말 많은 변화였다. 그런데 이러한 변화가 세계 무대에서 활약하겠다는 포부 때문이라기보다는 한국 사회에서 받은 스트레스와, 미래에 대한 회의와 절망 때문이라는 느낌이 강하게 들어 반갑기보다 오히려 안타까웠다. 슈퍼 네트워크에 편입하기 위해 벌여야 하는 치열하고 불필요한 과다경쟁에서 그만 벗어나고 싶다는, 지치고 지친 하소연처럼 느껴졌기 때문이다.

힘없는 자들에게 매정한 한국 사회의 척박한 현실에 지쳐 희망을 잃고 나라를 떠나려는 젊은이들이 늘어나고 있다. 시대 상황을 반영하듯 한국은 국적 포기율 1위라는 반갑지 않은 기록을 갖고 있다. 2012년 아이삭브록소사이어티IsaacBrockSociety 연구에 따르면 한국 해외 이민자diaspora population, 즉 해외 거주 한국인의 국적 포기는 연평균 인구 10만 명당 1,680명으로 나타났다. 이는 뉴질랜드 4.5명, 홍콩 25명, 일본 89명, 미국 28명 등에 비해 압도적으로 많은 수다. 이 연구 보고서는 "한국은 국적을 상실하는 사람이 연간 2만 5천 명으로, 그 숫자가 귀화자보다 많은 유일한 아시아의 선진국" 이라고 분석했다.

지난날 나의 대학생활이 머리를 스쳐지나갔다. 경제적으로도 어려웠고 스펙 쌓기, 해외 연수는커녕 외국에 나갈 기회조차 거의 없던 때였다(다른 많은 유학생처럼 나도 유학을 가면서 생전 처음 비행기를 타보았다). 지금 생각하면 웃음이 절로 나오지만 그때는 유학을 간다고 하면 가족 친지 수십 명이 김포공항에 나와 눈물을 훔치며 배웅하던 시절이었다. 유학을 가서도 영어가 힘들어 고생을 많이 했다. 햄버거를 먹으러 맥도날드에 가서 '빅맥'이 무슨 뜻인지 몰라 당황했던 기억도 난다. 그렇게 '후진국' 촌놈처럼 버벅거리면서도 미래에 대한 불안보다는 뭔가 되겠지 하는 배짱 같은 것이 있었다. 요즘 젊은이들은 왜 그런 배짱이 없느냐고 탓하려는 게 아니다. 당시는 성장기였고 지금은 저성장 시대라 단면적으로 비교할 수 없다는 것을 잘 알고 있다. 하지만 한국에서 지내는 동안 가까이에서 지켜본 한국 젊은이들의 모습은 그동안 멀리 미국에서 기대에 차 바라보던 모습과 너무 달라 충격적이었다. 내 숙소가 있던 강남역 인근의 화려한 네온사인들 사이로 보이던 입시 학원, 취업 학원, 스펙 쌓기 학원을 전전하는 젊은이들의 축 처진 뒷모습은 미국에 돌아온 후에도 지워지지 않고 머릿속에서 계속 맴도는 잔영이다.

커미트먼트는 어디에?

"하고 싶은 일을 하라. 그리고 하고 싶은 일을 잘할 수 있게 북돋아주라."

너무도 당연한 이야기 같지만 지금 한국에 가장 절실한 이야기이기도 하다. 흔히 '백세 시대'라고 하는데, 지금 20대들은 앞으로 살 날이 많으니 너무 조급해하지 말고 호흡을 좀 길게 가져도 되지 않을까, 그리고 사회는 그런 환경이 마련되도록 애써야 하지 않을까, 하는 생각이 든다. 비단 20대뿐인가? 사람은 결국 누구나 하고 싶은 일을 할 때 가장 행복하다. 하고 싶은 일을 해도 오래 하다보면 지겹고 지칠 때가 있는데 좋아하지 않는 일을 수십 년씩 하며 살아야 한다면 행복하지도 않을뿐더러 잘하기도 힘들기 때문이다.

미국 대학에선 학생들을 선발할 때 학교 성적이나 표준화된 점수만 보지 않는다. 좋은 대학일수록 미국 사회가 필요로 하고 더 나아가 글로벌 사회가 필요로 하는 인재를 키우는 것을 목표로 하기 때문에 여러 사항을 종합적으로 고려해 학생을 선발한다. 게다가 겉으로 드러나는 화려한 스펙만 평가 대상이 되는 것이 아니다. 오히려 학업능력 이외에 가장 중요한 기준으로 삼는 것 중 하나가 '커미트먼트commitment'다. 커미트먼트는 '약속' '헌신' '전념'으로 번역되는데, 정말 본인이 하고 싶고 중요하게 생각하는 일에 포기하지 않고 열정을 바치는 것을 뜻한다.

물론 한국에서도 대학 입학사정이나 취업에서 교외활동을 고려하기 때문에 학생들은 다양한 관심사와 다재다능함을 무기로 삼아 이력서를 꽉 채우는 데 주력한다. 그러나 다양한 스펙이 겉으로는 화려해 보일지 몰라도 과연 어느 하나라도 진지한 열정을 갖고 임하고 있는지 의구심을 불러일으킬 때가 많다. 이력서에 나열된 그 다양한 경험조차 일종의 '구색 맞추기'가 아닌가 하는 생각이 드는 것이다. 사람의 자원은 한정돼 있어, 그 많은 것을 하다보면 결국 대부분 수박 겉핥기식의 슈퍼피셜한 스펙에 그치는 경우가 많다. 미국 대학에서는 화려한 스펙을 가진 학생보다는 운동이든 음악이든 봉사활동이든 오랫동안 열정을 갖고 한 가지 일에 전념한 학생에게 더 후한 점수를 준다. 남에게 보이기 위한 것이 아니라 본인이 정말 좋아하고 중요하게 생각하는 일에 열정을 다해야 한다고 생각하기 때문이다.

진짜로 원하는 것

한번은 강의를 마치고 나오는데 한 학생이 다가오더니 진지한 표정으로 물었다. "교수님 말씀 잘 들었습니다. 그런데 전 제가 뭘 좋아하는지 모르겠는데 어떻게 하면 알 수 있을까요?" 20여 년을 살아오면서 자신이 정말 좋아하는 것이 무엇인지 아직 찾지 못했다는 말에 안타깝기도 했지만 솔직하게 말해주니 오히려 고마웠다. 획일화된 교육을 받으며 어른들이 하라는 대로 열심히 살아온 한국의 여느 모범생이라면 당연히 직면하는 고민 같기도 했다.

세 아이를 키우면서 우리 부부는 한 번도 아이들에게 어떤 학교를 가야 한다든지 어떤 전공을 선택하고 어떤 직업을 가져야 한다거나 가지면 좋겠다는 이야기를 한 적이 없다. 교포 사회에서 인기 있는 의사, 변호사 이야기는 아예 꺼내본 적도 없다. 그저 네가 좋아하는 걸 스스로 찾아서 열심히 하라고 했다. 부모로서 아이들의 의사를 존중하면서 지켜보았고 필요한 뒷바라지만 했다. 아이들은 때로는 공부보다 운동을 더 열심히 하기도 하고 때로는 너무 놀기만 하는 것 같아 가슴을 졸이기도 했지만 그것도 다 자신을 알아가는 의미 있는 과정이라고 생각하며 지켜보았다. 장성한 세 아이는 모두 고등학교보다는 대학에서, 그리고 졸업 후에 더욱 자신의 일에 집중하는 모습을 보였다. 아마도 적성에 맞는 일을 좋아서 하기 때문일 것이다.

하고 싶은 일을 할 때는 잠자는 시간도 아까울 때가 있다. 나도 논문을 쓰거나 일을 할 때 흥이 나면 빨리 아침이 되길 바라곤 한다. 마치 어렸을 때 소풍 가기 전날 밤잠을 설치던 그런 설렘으로…… 무엇이 될까 고민하기보다는 무엇을 할 것인지 고민하고 찾아야 한다. 그리고 이를 가능케 하는 교육 체계와 문화적 환경을 만드는 것이 세계 무대에서 활약할 인재를 키우는 첫걸음이다.

기업 또한 스펙보다는 실무에 소용되는 능력, 지위보다는 자신이 원하는 일에 진지하게 임할 준비가 되어 있는 인재를 찾으려는 자세가 필요할 것이다.

03 꿈을 태어나게 한 것

실리콘밸리의 꿈을 실현한 것은 기술이다. 그러면 실리콘밸리의 꿈을 태어나게 한 것은 무엇일까?

의미와 가치의 힘

가치가 지식이나 기술 못지않게 중요하다. 한국 교육은 지식과 기술 주입에 너무 편향되어 있다. 정해진 시간 내에 최대한 많은 것을 가르치려 한 결과, 쌓인 지식은 많으나 창의적으로 사용할 수 있는 지식은 별로 없고, 아는 것은 많으나 특별히 잘하는 것은 없는 고만고만한 피상적인 인재들을 양산한다. 더 나아가 왜 이런 지식이 필요한지, 또 습득한 지식을 내가 속한 사회를 위해 어떻게 써야 할지에 대한 고민이 없어 막상 사회 구성원으로 살아가는 데 중요한 가치들이 교육에서 경시되고 있다. 한국의 뛰어난 엘리트들이 부정부패, 성추행 등으로 지탄의 대상이 되고 있는 것도 바로 그런 이유 때문일 것이다. 이들이 지식 수준이나 기술 면에선 누구보다 뛰어났겠지만 한국의 교육이 정작 그들이 보유한 지식과 기술의 쓰임새에 관한 사회적 윤리 같은 올바른 가치관 형성에는 기여하지 못했기 때문에 사회적으로 무책임하고 윤리의식이 결여된 엘리트층을 낳았을 거란 얘기다. 한국 학생들과 이야기해보니 학생들도 이 부분에 가장 크게 공감하고 있었다.

스탠퍼드 학생 중에서 야후, 구글, 인스타그램, 스냅챗, 테슬라 등을 만들어 성공한 창업가들이 많이 나왔다. 그런데 이들과 이야기해보면 새로운 기술을 개발하고 창업한 가장 큰 이유는 돈을 많이 벌겠다는 욕심 때문이라기보다는 세상을 바꾸어보고 싶다는 야망 때문이었다. 스티브 잡스나 마크 저커버그가 단지 돈을 많이 벌기 위해 아이폰을 개발하고 페이스북을 창립했을까? 결국 성공적인 결과가 뒤따르긴 했지만 물질적 부의 축적이 이들을 움직이게 한 원동력은 아니었다. 이들에겐 기술 혁신을 통해 세상을 바꾸어보겠다는 야망이 있었다. 스마트폰이나 소셜 네트워크를 통해 더 나은, 더 편리한, 더 가까운 세상을 만들어보겠다는 비전이 있었다. 이러한 꿈은 지식이나 기술에서만 나오는 것이 아니다. 이 꿈을 실현시킨 것은 지식과 기술일지 몰라도 이 꿈을 태어나게 한 것은 가치관이었다.

저커버그가 대학 시절 페이스북을 만든 동기는 내성적인 성격 때문이었다고 한다. 성격상 그는 사람들과 잘 어울리지 못했지만 그럼에도 많은 사람과 친해지고 싶었다. 사람들과 친해지고 싶어도 낯선 사람들과 직접 소통하는 걸 부담스러워할 수 있는 내성적인 사람들을 위해 간접적인 소통 공간으로 원하는 친구를 선별해 소통할 수 있는 페이스북이라는 소셜 커넥터를 생각해낸 것이다. 잡스가 남긴 수많은 명언 중 내 가슴을 가장 뛰게 한 것은 그가 1993년 월스트리트저널과 인터뷰 당시 했던 말이다. "무덤에서 최고의 부자가 되는 일 따윈 내게 중요하지 않습니다. 매일 밤 잠자리에 들 때 '우리가 정말 놀라운 일something wonderful을 했다'라고 말할 수 있는 것, 나에겐 그것이 중요한 일입니다." 잡스는 이러한 꿈과 가치관을 가지고 그후 더 많은 '원더풀'한 일들을 해냈다.

지금 실리콘밸리는 인공지능에 올인하고 있다. 알파고로 유명해진 인공지능은 사실 구글보다는 IBM이 선두주자였고 애플, 테슬라, 마이크로소프트 등 최고 기업들이 모두 인공지능의 개발과 실용화에 몰두하고 있다. 한국에선 아직도 자율주행차의 실현에 대해 반신반의하고 있지만 이곳에선 거의 확신하는 분위기다. 아직 기술적인 어려움이 있지만 이에 대한 믿음은 강고하다. 자율주행을 통해 편리성과 안전성을 높여 삶의 질을 향상시키겠다는 비전이 있기 때문이다. 나아가 자율주행차가 가져올 철학적, 윤리적, 문화적 쟁점에 대한 고민도 하고 있다. IT 기업들이 공학도뿐 아니라 인문학도를 채용하는 것도 이러한 가치 문제와 연관이 깊다.

요즘 미국의 손꼽히는 대학에서 새롭게 시도하고 있는, 컴퓨터공학을 철학, 문학, 음악 등의 인문학 분야와 접목하는 것도 이러한 시장의 흐름을 반영한다. 지난 10여 년간 스탠퍼드 대학에서 가장 인기 있는 전공이 컴퓨터공학이다보니 학교에서는 'CS+XComputer Science와 X전공을 접목한 신생 과정'라는 새로운 학과를 만들어 컴퓨터공학 전공자 중 인문학 분야에도 관심 있는 학생들이 두 과정을 함께 공부하며 시너지 효과를 낼 수 있도록 장려하고 있다. 인문학을 통해 사고하는 법을 가르치고 공학도로서 놓치기 쉬운 가치와 생각들을 심어주려는 것이다.

개인주의는 이기주의가 아니다

몇 해 전 빌 게이츠가 스탠퍼드 대학에서 학생들과 라운드 테이블 대화를 한 적이 있다. 그때 게이츠는 성공한 기업인이 되라고 하기보다는 아프리카의 빈곤이나 기후 변화와 같은 세계적인 사회적 이슈에 관심을 가지라고 강조했다. 실제로 게이츠는 재산의 대부분을 기부해 빌 앤 멜린다 게이츠 재단을 만들어 세계의 빈곤 퇴치 등에 힘쓰고 있으며, 투자의 귀재라는 워런 버핏 또한 상당한 재산을 게이츠 재단에 기부했다. 게이츠나 버핏 이전에도 록펠러, 카네기, 스탠퍼드 등 많은 미국 기업인이 사후에 재단(록펠러 재단)이나 연구소(카네기 국제평화연구소), 대학(스탠퍼드 대학)을 세워 사회에 많은 공헌을 해왔다.

지식과 기술만으로는 부족하다. 성공의 의미가 무엇인지, 그리고 이를 통해 내가 속한 공동체에 어떤 공헌을 할 수 있을지 고민하는 사람만이 리더가 될 자격이 있다. 그런 고민이 전혀 없는 사람은 무덤에서 최고의 부자가 될 수는 있을지언정 그 이상의 명예나 존경을 욕심내면 안 될 것이다. 미국 사회엔 개인주의 정서가 기본적으로 깔려 있지만, 이것은 각 개인이 주체적으로 활동하고 책임진다는 의미의 개인주의이지 남은 상관없이 나만 잘 먹고 잘살겠다는 이기주의가 결코 아니다.

미국엔 기부문화가 잘 정착되어 있어 꼭 부자가 아니더라도 재정적 기부를 하거나 지역 사회에서 자원봉사하는 사람들을 쉽게 볼 수 있다. 미국에서는 아이들이 어려서부터 스포츠, 봉사활동, 체험실습 등을 통해 공동체의 중요성과 공동체의 일원으로 살아가는 방법을 자연스럽게 터득하게 한다. 미국 사회가 이런 교육을 강조하는 데는 이유가 있다. 이처럼 함께 살아가는 정신이야말로 사회를 지탱하는 힘이라고 믿기 때문이다.

04 국경 없는 인재 유치

아이를 낳기는 두려운데 나이는 들어간다. 활력이 없다. 이것은 개인만의 이야기가 아니다.

저출산, 고령화, 인재 유출

한국이 당면한 가장 큰 사회구조적 도전이 무엇이냐고 물어보면 나는 주저없이 저출산과 고령화라고 대답할 것이다. 현재의 인구 수를 유지하는 데 필요한 출산율을 대략 2.1명으로 볼 때 2016년 한국의 출산율은 1.17명으로, 2001년 이래 초저출산국이 되었다.

저출산과 함께 한국 사회는 급격하게 고령화되고 있다. 한국은

2018년에는 65세 이상 노인 인구가 14퍼센트가 넘고 2026년에는 20퍼센트를 넘겨 초고령 사회가 될 것이라는 예측이다. 그 속도가 일본보다 빠른 초스피드 고령화다. 미국통계국이 2016년 발표한 「늙어가는 세계 2015The Aging World: 2015」라는 보고서에 따르면 2050년 한국은 65세 이상 인구 비율이 35.9퍼센트로 40.1퍼센트인 일본에 이어 2위를 차지할 것으로 전망되고 있다. 미국통계국은 "한국은 그동안 가장 젊은 나라 중 하나였지만, 향후 50년 이내 가장 늙은 나라로 변화할 것이다"라고 전망했다. 정부의 산아제한 정책이 한강의 기적을 이루는 데 일조했다면, 이젠 저출산과 고령화가 한국의 지속 가능한 발전에 걸림돌이 되고 있다.

저출산과 고령화는 대부분의 선진국이 직면한 문제지만 이미 많은 국가가 다양한 해법을 찾아 실행하고 있다. 해외에서는 그 해법으로 해외 인재를 적극 유치해 인구 구성비를 젊게 하고 생산인구를 늘려 새로운 성장동력을 찾으려는 노력을 활발히 하고 있다.

이에 비해 한국은 저출산·고령화 시대를 맞아 해외 인재 유치는 커녕 탈조선을 꿈꾸는 젊은이들만 늘고 있으니 맥이 빠진다. 특히 이공계 고급 인력의 인재 유출이 심각한 문제다. 최근 생물학정보연구센터BRIC가 과학기술인 1,005명을 대상으로 실시한 이공계 인재 유출Brain Drain 조사를 보면, "만약 앞으로 1년 안에 취업해야 한다면 국내와 국외 중 어느 지역을 우선 선택하겠느냐"는 질문에 절반 가까운 47퍼센트가 해외 취업을 택했다. 국외 유학생 중 귀국하지 않고 현지에 남은 이들의 숫자까지 고려하면 한국의 인재 유출은 심각한 수준이다. 미국에서 이공계 박사 학위를 받은 한국 유학생 중 약 절반은 졸업 후 미국에 남는다는 통계가 있다. 스위스 국제경영개발연구원IMD의 「2015 세계 인재 보고서IMD World Talent Report 2015」에서도 한국은 조사 대상 61개국 가운데 인재 유출로 인한 국가 경제의 경쟁력 저하 문제가 18위로 심각한 나라로 꼽혔다.

이런 시점에서, 중장기 정책으로 외국 인재를 유치하고 활용하는 방법을 더 적극적으로 찾아야 한다. 단기 정책으로 출산장려책과 정년연장책 등이 시행되고 있지만 이것만으로는 부족하다. 범세계적 인구 이동, 특히 고학력 전문직 등 브레인 파워의 국제적 이동을 활용하는 정책이 육아 지원 등 단기 정책들과 함께 병행되어야 한다.

물론 외국 인재 유치 문제는 정치적으로 매우 민감한 이슈다. 특히 청년 실업 시대에 외국 인재를 수입하자는 주장은 국민들의 공감을 얻기가 쉽지 않을 것이다. 오랜 이민 역사를 지닌 미국에서조차 이민자들이 중산층 백인들의 일자리를 빼앗아간다는 불만이 팽배해 이를 정치적으로 활용한 트럼프를 백악관에 입성시켰다. 하지만 외국 인재 유치가 청년 실업을 가중시키고 일자리 경쟁을 심화시킬 것이라는 우려는 한 가지 측면만 본 것이다. 외국 인재 유치가 오히려 새로운 일자리 창출에 기여해 청년 실업 해소에도 도움을 주고 폐쇄적인 한국 사회에 활력을 가져다줄 수 있다는 가능성도 배재해서는 안 된다. 그 가능성은 실리콘밸리를 보면 알 수 있다.

다국적군이 만든 실리콘밸리

다국적군이 없었다면 오늘날의 실리콘밸리는 없었을 것이다. 인공지능, 자율주행차, 가상·증강 현실, 사물인터넷…… 4차 산업혁명을 주도하는 핵심 기술을 실리콘밸리에서 이끌고 있고, 거기에는 세계 최고 인재들이 모인 강력한 다국적군의 힘이 있다. 구글, 애플, 페이스북, 테슬라 등 실리콘밸리를 대표하는 기업들에서 인도·중국계 엔지니어들이 핵심 역할을 하고 있다. 선다 피차이Sundar Pichai 구글 CEO, 사티아 나델라Satya Nadella 마이크로소프트 CEO, 라지브 수리Rajeev Suri 노키아 CEO 등은 모두 인도에서 대학을 마치고 미국으로 유학을 떠났다가 지금의 자리에까지 올랐다. 엔비디아Nvidia의 CEO 젠슨 황Jen-Hsun Huang, 유튜브의 창업자 스티븐 첸Steven Chen 등은 중국계 엔지니어·사업가로서 실리콘밸리의 거두가 되었다. 2016년 9월 새로 취임한 마크 테시에-라빈Marc Tessier-Lavigne 스탠퍼드 총장은 프랑스에서 박사 학위를 마친 뒤 박사후 과정으로 미국에 온 경우다.

실리콘밸리는 외국 인재 유치 논쟁에서 중요한 시사점을 제공한다. 미국이라는 나라의 특별한 역사에서 파생된 특성도 고려해야겠지만, 인종과 국적을 가리지 않고 다양한 인재를 끌어들인 실리콘밸리의 포용적 문화는 세계 경제를 이끄는 핵심 원천이 되었다. 그런 다양한 인재들이 30년 전만 해도 포도넝쿨로 가득 찬 캘리포니아 북부 변방 지역을 오늘의 실리콘밸리로 일궜다. 미국에 유학 와서 자리잡은 경우도 있고 처음부터 취업하려고 온 경우도 많다.

미국의 경우 대표적 우수인력 취업비자인 H1-B 비자 이외에도 다양한 법안과 제도적 장치로 세계적 인재들을 끌어모으고 있다. 2012년 만들어진 '미국에 투자하라INVEST in America Act'라는 법안은 STEM과학, 기술, 공학, 수학 분야 유학생들이 졸업 후 창업을 하고 영주권을 받을 수 있도록 지원하고 있다. 이 법안을 주도한 애덤 시프Adam Schiff와 찰스 배스Charles Bass 의원은 "해외에서 온 고급 인력 1인당 미국인 2명 이상의 일자리가 창출되었다"고 강조하면서, 이들이 "다음 세대의 애플을 만들고 아이폰을 만들 것"이라고 내다보았다. 이미 2008년 의회 청문회에서 마이크로소프트 창업자 빌 게이츠는 "마이크로소프트에 H1-B 비자로 고용된 기술자 1명당 이들을 지원하는 일자리 4개가 창출되었다"고 역설하며 정부가 해외 우수 인재 유치를 적극 지원할 것을 촉구했다.

2006년에서 2012년 사이 미국에 세워진 기술, 공학 관련 기업의 약 4분의 1이 이민자에 의해 설립되었고, 실리콘밸리의 경우 그 비율이 50퍼센트에 육박한다는 통계가 있다. 이 밖에도 1세대 이민자에 의해 설립된 상위 벤처 기업의 경우 기업당 약 150명의 일자리가 창출되었다는 연구 결과는 해외 우수 인재 유치가 내국인의 일자리를 빼앗기보다는 새로운 일자리를 창출하는 고용 효과를 발휘하고 기술 혁신을 통해 경제 발전을 도모했음을 보여준다. 실리콘밸리의 대표적 기업인 구글, 애플, 페이스북의 대표들이 트럼프의 반이민 정책을 비판하며 이에 강력하게 반발하는 것도 이런 이유에서다.

한국에서 해외 인재를 적극적으로 유치할 경우 문화적 반감이 없을 수 없겠지만, 한국과 비슷한 배타적 민족주의 역사를 가진 독일도 이 문제에 발빠르게 대처하고 있다. 2000년 이전까지만 해도 독일은 한국처럼 해외 인재들의 취업 이민을 극히 제한해왔지만 저출산, 고령화, 우수 과학기술 인재 부족 등에 대한 우려가 높아지면서 해외 인재 유입제도를 개정하고 2012년부터 외국인 전문인력에 대한 취업 및 체류허가 제도인 블루카드 제도를 도입했다. 이 제도는 유럽연합 국가 이외 출신 인재 중 독일에 취업 또는 정착을 희망하는 인재들을 끌어모으며 실행 2년 만에 1만 7천여 명의 외국인 전문인력을 유치하는 성과를 거뒀다. 영국이나 프랑스 등 반이민 정서가 강한 이웃 나라들과 달리 독일의 해외 인재 유치는 앞으로도 가속화될 것이며, 이에 힘입어 독일은 앞으로도 유럽연합의 중심이 되리라 확신한다.

일본도 최근 들어 눈에 띄게 달라졌다. 과거에는 한국처럼 3D 업종에서 일할 비숙련 노동력을 수입하는 데 초점을 두었지만, 최근에는 외국 인재 유치에 심혈을 기울이고 있다. 일본은 2008년 '유학생 30만 명 유치 계획'을 발표하며 외국인 유학생들에게 적극적으로 구애하기 시작했다. 유학을 고려중인 외국인에게 유학 전부터 정보를 제공하는 것은 물론 입학, 졸업, 취업 지원까지 단계별로 지원해준다. 특히 대학 및 대학원 졸업 후 국내 취업을 원하는 유학생들에게는 취업 상담 및 취업 지원을 해줄 뿐 아니라 취직 준비 기간을 1년으로 연장할 수 있도록 비자 제도까지 개선했다. 그리고 이 같은 노력은 성과를 거두고 있다. 통계에 따르면 2009년 재일 외국인 유학생 졸업자의 24.1퍼센트가 일본 내 기업에 취업했고, 이후 유학생 취업률은 매년 증가 추세에 있다. 나아가 일본 정부는 유학생의 일본 내 취업 비율을 현재 30퍼센트 선에서 50퍼센트 대로 끌어올릴 방침이다.

글로벌 경쟁 시대에 국내 인재만으로 필요한 인력을 갖추고 경쟁력을 유지해 살아남을 수 없는 현실을 씁쓸하지만 인정해야 한다. 프랑스의 경영대학원 인시아드INSEAD는 2014년 이후 매년 '글로벌 인재 경쟁력 지수Global Talent Competitiveness Index'를 발표한다. 첫 조사에서 한국은 조사 대상 103개국 중 28위를 차지했고, 2016년에는 37위로 하락했다. 경제력에서 세계 10위권을 조금 밑도는 한국으로선 매우 실망스러운 결과가 아닐 수 없다.

최근 트럼프의 반이민 정책을 비꼬며 (트럼프가 거부하는) 실리콘밸리의 인재들은 모두 중국으로 오라고 큰소리친 리옌훙 바이두 회장의 발언은 현실성을 떠나 곰곰이 생각해볼 만하다.

05 강박에 가까울 만큼 다양성에 집착하다

"아이폰은 기계가 아니다. 그것은 문화다."

스티브 잡스가 한 말이다. 한편으로 이 말은 실리콘밸리의 가치, 실리콘밸리 정신을 압축적으로 담은 명언이기도 하다.

혁신은 기술이 아닌 문화에서 나온다

2015년 4월, 일본의 아베 총리가 스탠퍼드 대학을 방문해 애플, 야후, 트위터, 마이크로소프트 등 대표적인 미국 IT 기업의 최고경영자들과 기술 혁신을 주제로 토론회를 가진 적이 있다. 나도 그 자리에 참석했다. 그런데 지켜보다가 한 가지 흥미로운 사실을 발견

했다. 토론에서 아베 총리는 혁신의 기술적 측면에 초점을 맞춘 반면 실리콘밸리 리더들은 한결같이 혁신의 문화적 측면을 강조한 것이다. 혁신은 기술이 아닌 문화에서 나온다는 것이 토론의 공통된 전제였다.

나 또한 이곳에 살면서 피부로 가장 많이 느낀 것이 인종과 문화의 다양성을 최대 가치로 여기는 사고방식이다. 다양한 배경과 경험을 가진 사람들이 모일 때 새로운 아이디어와 또다른 관점이 나오고, 이것이 기술적 혁신으로까지 이어진다는 생각은 실리콘밸리 기업 문화에 깊숙이 뿌리내리고 있다. 게다가 이런 생각을 뒷받침하는 이론과 실제 사례 또한 풍부하다. 현지에서는 "실리콘밸리의 90퍼센트는 문화이고, 10퍼센트는 기술이다"라는 말을 자주 듣는다. 스티브 잡스의 말과도 일맥상통하는 말이다.

한국처럼 혈연, 지연, 학연에 얽매어 모두가 동일한 교육을 받고 동일한 스펙을 쌓고 동일한 목표를 향해 일사불란하게 뛰는 사회와는 정반대다. 한국과 너무나 다른 실리콘밸리의 문화를 무조건 따라야만 한다고 말하려는 건 아니다. 하지만 남들과 다르게 '튀는' 순간 타깃이 되는 기업과 사회문화 속에서는 창조와 혁신이 자유롭게 흘러나올 리 만무하고 적당주의에 빠지게 되는 것은 자명한 일이다. 지금 한국엔 뭔가 새로운 활력이 필요하다.

다양성 책임자

미국에선 기업에서의 채용은 물론 대학 교수 임용이나 입학사정에서 가장 중요한 고려사항 중 하나가 다양성 확보다. 실제로 미국의 많은 대학과 기업에서는 '다양성 책임자Diversity Officer'를 두고 인종, 사회 계층, 성 정체성 등 여러 면에서 다양한 배경을 가진 구성원들을 모으기 위해 애쓴다. 다양한 구성원이 모여야 교육의 질이 향상될 수 있고, 또 혁신적인 기술과 제품은 지식과 기술을 통해서만 나오는 것이 아니라 다양한 배경과 경험을 가진 사람들이 모여 새로운 아이디어와 철학을 나눌 때 창출된다는 확고한 믿음을 갖고 있기 때문이다.

미시간 대학의 경영학 교수인 스콧 페이지의 『다름*The Difference*』이라는 책에는 다양성이 어떻게 혁신을 가져오는지에 대한 설명이 상세하게 실려 있다. 페이지 교수의 연구에 의하면 그룹 구성원의 다양성은 인지능력의 다양성을 가져와 문제 해결에 중요한 도구가 되며, 특히 어려운 과제를 해결할 때는 이것이 개개인의 능력보다 더욱 큰 역할을 한다.

비슷한 환경에서 비슷한 교육을 받고 자라 비슷한 생각을 가진 비슷한 사람들만 모여 있는 조직에서는 다양한 관점에서 나오는 유연하고 색다른 아이디어를 기대하기 어렵다. 실제로 미국 인사관리협회Society for Human Resource Management의 조사에 따르면 91퍼센트의 기업이 다양성 관리가 조직 경쟁력 향상에 긍정적인 영향을 미친다고 응답했다. 또한 세계적 성별 다양성 정책 연구기관인 캐털리스트Catalyst의 조사에서도 최고경영진의 여성 참여 정도가 높을수록 기업 경영이 투명해지고 창의적인 전략 실행 등을 통한 수익성이 높아진다는 흥미로운 결과가 나왔다.

이런 환경에 익숙해지다보니, 나는 한국에 올 때마다 누가 누구인지 구별조차 잘 가지 않는 거대한 파워 아저씨 무리에 놀란 적이 한두 번 아니다. 삼성 사장단과 한국전력 임원들을 대상으로 특강을 한 적이 있다. 그런데 강연장에 들어서자마자 가장 먼저 눈에 들어온 것은 참석자 전원이 한국 남성이었다는 점이다. 아, 그러고 보니 나도 인구학적으로는 예외 없이 그런 아저씨에 속한다는 걸 미국에선 잊고 살아왔는데…… 왜냐하면 거기선 내가 굳이 어느 무리로 분류되고 어디에 속한다는 인식 없이 나이도, 인종도, 성별도 다양한 사람들 속에 섞여 지내왔기 때문이다. 물론 천편일률적인 외양과 달리 강연장에 앉은 이들이 외국에서 공부를 하거나 경험을 쌓은 사람, 자라온 환경이나 출신 학교, 전공 등이 각기 다른 다양한 사람들일 수도 있다. 그렇다고 해도 해외 글로벌 기업에서는 상상하기도 어려운 획일적 인적 구성에 놀라지 않을 수 없었다. 비슷한 나이대에 같은 성별, 짙은색 양복을 차려입은 비주얼은 말할 것도 없고, 가끔 내 농담에 반응하는 '웃음 포인트'까지 비슷해서 오히려 내가 더 당황스러울 지경이었다.

나는 여러 사람을 대상으로 한 강연에서 혹시라도 실수로 'PCpolitically correct하지 못한' 발언을 할까봐 몹시 신경 쓰는 편이다. 의도하지 않았더라도 특정 인종을 비하하는 것으로 들릴 수 있는 발언은 없는지, 성차별주의자들이 쓰는 용어나 논리를 구사하는 것은 아닌지, 자기 검열에 가까울 만큼 강연 내용을 검토하고 또 검토하지 않고서는 마음을 놓지 못한다. 나만 이러는 게 아니라, 다양한 사람들이 함께 살아가며 공존해야 하는 미국에서는 이 같은 과정이 당연하게 받아들여진다. 편협한 사고를 드러내는 발언으로 사임까지 한 유명 기업 임직원의 사례가 꽤 있다.

인간이 살아가는 곳이기에 실리콘밸리도 완벽하지는 않지만 그곳에는 다양성을 포용하지 못하는 편협함을 강하게 질타하는 분위기가 있으며, 그런 암묵적 합의가 사회의 자연정화제 역할을 한다. 하지만 놀랍도록 단일한 인적 구성의 아저씨 집단을 마주하고 보니, 슬프게도 이 앞에서라면 내 발언이 '아저씨 집단'에서 받아들여지는 사고를 따르기만 하면 문제 삼을 사람이 거의 없겠다는 생각까지 들어 걱정스러웠다. 집단적으로 '다양성 감수성'에 둔해지는 일이 아무렇지 않게 여겨질까봐 우려되었다.

한국처럼 오랫동안 인종적, 문화적 동질성을 강조해온 사회에서는 다양성 확보가 매우 절실하면서도 어려운 과제다. 산업화 시대에는 표준화된 노동력으로 단결해 모두가 하나의 목표를 향해 전력질주하는 일사불란함이 발전의 원동력이 됐겠지만, 이제는 '창조적 파괴creative destruction'가 훨씬 큰 잠재력을 지닌다. 경제학자 조지프 슘페터는 낡고 오래된 것을 경쟁력 있는 새것으로 바꾸는 혁신적 결합이 자본주의의 원동력이라고 주장하고 균형은 파괴해야 할 대상으로 보았다.

'창조적 파괴자'를 찾아야 한다. 그리고 그들이 가져올 파괴를 반갑게 수용할 수 있는 문화적 토양을 동시에 일궈나가야 한다.

다양성 교육이 중요하다

무엇보다 중요한 것이 교육이다. 한국 교육의 문화적 다양성을 연구하고 있는 연세대학교 국제학부의 레니 문 교수의 연구에 의하면, 한국 대학에서는 문화적 다양성을 이해하고 체험할 수 있는 교과 과정이 턱없이 부족하다. 서울대, 연세대, 경희대의 커리큘럼을 분석한 그의 연구 결과를 보면 다양성과 관련된 과목은 2~3퍼센트에 그치고, 그나마 한국이나 외국의 다문화주의를 소개하는 것이 주를 이루고 있음을 알 수 있다.

대학에서 교과 과정과 과외 활동을 통해 문화적 다양성의 힘을 배우고 체험하는 것은 매우 중요하다. 특히 한국의 경우 아직까지는 타 인종과 어울려 지낼 기회가 많지 않기 때문에 더욱 그렇다. 대학은 다양한 그룹의 학생들이 만나 새로운 아이디어를 내고 교류할 수 있는 최적의 장이기 때문에 미국 대학에서는 다양성에 대한 교육을 매우 중요하게 여긴다. 스탠퍼드 대학 학부생의 경우 백인의 비율이 37퍼센트밖에 되지 않고 유학생 비율도 10퍼센트에 달한다. 또한 모든 신입생이 적어도 한 과목 이상을 필수로 들어야 하는 다양성 참여Engaging Diversity 과정에 해당하는 수업을 무려 571개나 제공하고 있어 다양성이라는 주제가 교과 과정에 얼마나 중요한 부분으로 자리잡고 있는지 잘 보여준다. '흑인 미국 여성들의 삶African American Women's Lives' '미국 사회의 이민 논의 역사Immigration Debates in America: Past and Present' '무슬림 사이의 유대인Jews Among Muslims in Modern Times' 등 타 문화, 타 인종에 대한 인식과 존중감을 기를 수 있는 다양한 소재와 커리큘럼의 강의가 넘쳐난다.

미국의 대학들은 입학사정에서부터 다양성을 중요한 기준으로 삼고 좀더 다양한 학생들이 모인 교내 환경을 만들기 위해 힘쓴다. 지금의 마이크로소프트, 야후, 구글, 페이스북 등을 있게 한 기술과 혁신의 아이디어들이 모두 대학 캠퍼스에서 나온 것은 결코 우연이 아니다. 한국 대학들도 구성원의 다양성을 높이고 이와 관련된 교과목을 강화해야 한다.

타 민족과 어울리는 것이 불편한 이유로는 언어의 문제도 있지만 그보다 더 큰 이유가 타 문화에 대한 관심과 이해 부족이다. 가령 술과 돼지고기를 금기시하는 이슬람권의 문화적 특성을 이해하고 존중하지 못한 채 개강 파티, 종강 파티, 오리엔테이션, 엠티 등 각종 모임마다 삼겹살과 소주를 고집한다면 이는 이슬람권에서 온 학생들을 무시하는 처사다. 그렇게 되면 당연히 서로 거리가 멀어질 수밖에 없다. 실제로 몇 년 전 책을 집필하며 인터뷰를 위해 만났던 여러 외국인 유학생들이 이러한 애로사항을 토로했다. 서울의 한 대학에 재학중인 이슬람권 출신 유학생 B군은 원래 술을 마시지 않지만 한국 친구들과 친해지기 위해 억지로 마시기도 한다면서 한국 친구들과 친해지고 싶지만 자기 때문에 돼지고기 음식점에 가지 못하는 것 같은 문제들이 생기면 곤란하고 어렵다고 이야기했다.

세계적인 감각을 키우려면 영어를 잘하고 소위 서구식 '선진 문화'에 익숙해져야 한다고 여기는 사람이 많다. 그러나 글로벌 리더는 서구 문명 혹은 강대국하고만 소통하는 사람이 아니다. 오히려 개발도상국 학생들과 교류하며 한국인에게는 아직 익숙하지 않은 그들의 문화나 관습을 배움으로써 문화적 기술의 폭을 넓히는 것이 장기적으로 볼 때 훨씬 유익할 수 있다.

06 로마법만 강요하는 로마에는 아무도 가지 않는다

"하이!"

"굿나잇!"

하루에 딱 두 번. 그 이상의 소통은 없었다고 한다. 나에게는 참으로 충격적인 이야기였다.

서울대학교에서 외국인 유학생들을 상대로 특강을 한 적이 있다. 그들의 한국 생활 경험담을 듣던 중 아프리카에서 온 학생이 해준 이야기가 잊히지 않는다. 한국인 룸메이트와 기숙사 방을 함께 쓴다는 이 학생은 하루 두 번, 아침에 "하이", 저녁에 "굿나잇" 하고 인사하는 것 외에는 룸메이트와 어떤 소통도 하지 않는다는 것이었다. 사이가 좋지 않거나 싸운 것도 아닌데 한방을 나눠 쓰는 친구끼리 같이 밥을 먹거나 하루 일과 이야기를 나누는 일도 없고, 하다못해 밥 먹었냐는 지극히 일상적이고 형식적인 안부조차 나누지 않는다는 데 놀랐다.

말로는 다문화주의, 현실은 동화주의

한국에서는 '생긴 대로' 사는 것도 명백히 죄가 될 수 있다. 남과 다르게 생겼으면, 남과 다른 방식으로 살면, 특별히 피해를 주지 않아도 다르다는 사실 자체만으로 배척당할 수 있다. 모난 돌에 내려치는 정이 정당화되고, 절이 싫으면 중이 떠나라 외치는 사회는 얼마나 조용히 폭력적인가?

"차이, 또는 다름의 가치를 존중하자"고 나는 늘 말한다. 너무 당연해서 식상하다고 느낄 수도 있다. 겉모습만 보면 이미 세계 속의 대한민국이다. 하지만 정말 그럴까?

글로벌 시대에는 얼핏 상반되어 보이는 두 가지 흐름이 공존한다. 한 가지는 자본주의가 발전하면서 무역 장벽 등이 낮아지고 국경의 의미도 약화되면서 세계가 하나로 통합되는 듯한 흐름이다. 인터넷, SNS 등의 발달로 그 흐름은 더욱 가속화되고 있다. 다른 한 가지는 나라나 지역마다 고유의 전통과 문화를 지키려는 노력이 더욱 강해지는 정반대의 흐름이다. 이처럼 상호 모순된 흐름이 공존하는 현상을 표현한 말이 '글로컬glocal'이다. 글로벌이 로컬이고 로

컬이 글로벌이라는 의미다. 미국 사회만 해도 과거에는 다양한 인종을 동화시키는 '멜팅팟melting pot, 일종의 용광로'을 강조해 한인 교포들도 자녀들에게 한국어를 사용하지 못하게 했다. 그러나 이제는 여러 인종이 각자의 색깔과 특성을 잃지 않은 채 어울려 사는 '샐러드볼'을 강조하고 영어 이외의 외국어를 엄청난 자산으로 여긴다. 흑인을 아프리칸-아메리칸이라 부르고 재미 한인을 코리안-아메리칸이라고 부르는 것도 같은 아메리칸이지만 문화적, 인종적 배경이 다름을 인정하고 존중한다는 의미가 담겨 있다.

세계 무대에서 활동하려면 타 민족, 타 인종, 타 종교에 대한 존중과 이해는 필수다. 오랫동안 단일민족의식을 강조하며 살아온 한국인에겐 더욱 노력이 필요한 일이다. 그런데 한국 학생들을 상대로 강연할 때도 친한 친구 중 외국 학생이 있는 사람 손 들어보라고 하면 소수에 지나지 않는다. 대부분 수업 시간이나 팀 프로젝트를 진행하면서 외국인 유학생들을 접하긴 하지만 매우 한시적이고 인위적인 관계를 맺는 데 그친다는 것이다. 문화 체험을 하겠다며 외국에 잘도 드나들면서, 가만히 앉아서 할 수 있는 문화 체험에는 이렇게 무관심하고 편협할 수 있을까. 상대가 노랑머리 초록 눈의 미국인이었다면 얘기가 달랐을까.

타 문화에 대한 무지는 편견으로 이어지고 우리의 사고를 편협하게 만든다. 국내 무슬림이 10만 명가량 된다고 한다. 그런데 무슬림에 대해 제대로 이해하고 있는 한국인이 얼마나 될까? 무슬림이라고 하면 과격한 테러리스트를 연상하는 데에만 그치지는 않을까?

세계는 점차 다인종, 다문화 시대가 되어가고 있다. 한국도 말로는 다문화주의를 주창하고 있지만 실제로는 동화주의를 추구하고 있다. 결혼 이주민이 절대다수를 차지하는 한국 이민 사회의 특성으로 볼 때 놀랄 만한 일은 아니다. 이주민들은 빠르게 한국 사회에 녹아들기를 요구받는다. 이들에게 제공하는 교육 프로그램만 봐도 그렇다. 한국어 수업, 김치 담그기 체험 등을 통해 결혼 이주여성들이 한국 사회와 가정에 잘 적응할 수 있도록 돕는다는 취지 자체가 나쁜 것은 아니다. 그러나 이주민들을 단순히 한국어를 배우고 한국 음식 만드는 법을 배워서 한국인 남편, 시부모, 아이들에게 편의를 제공해야 할 대상으로 여겨, 기필코 '한국화'시켜야 할 존재로 전락시키는 것은 한국 다문화주의의 미성숙함과 이기성을 보여주는 것이라 할 수 있다. 특히 이러한 동화주의 정책이 개발도상국 출신 결혼 이주여성에게 초점이 맞춰져 있는 것도 문제다.

세계 시민이 되기 위해선 영어 공부도 중요하고 유럽 여행도 도움이 되겠지만, 무엇보다 한국인들이 갖고 있는 개발도상국에 대한 편견에서 하루바삐 벗어나야 한다. 2017년 3월, "한국에선 타인을 돕지 마라. 그게 그들 자녀의 목숨을 구하는 일일지라도 그들은 당신을 해칠 것이다"라는 글이 한 SNS를 뜨겁게 달궜다. 이 글을 게재한 레오 멘도사 씨는 한국인 아내와 16년째 한국에 살고 있는 콜롬비아 남성이다. 그는 부산의 한 대형 마트 주차장에서 뛰어다니는 어린아이를 달려오는 차량으로부터 보호하려다 아이의 조부모에게 인종차별적 발언을 포함한 욕설을 듣고 신체적 공격을 당하는 봉변까지 겪은 일을 자신의 SNS를 통해 알렸다. 멘도사 부부는 자신들에게 언어 폭력과 신체 폭력을 가한 상대측은 물론 그런 상황을 제지하지 않고 지켜본 한국 경찰의 안이한 대응에도 실망감을 표했다. 그 당시 멘도사 부부는 경찰들 앞에서도 "폴란드 놈", "폴란드가 아니라 콜롬비아라고? 더 못한 데서 왔네, 재수 없는 콜롬비아 ○○"라는 폭언을 들었다. 이에 대해 멘도사 씨는 경찰에게 "차별 발언을 하지 못하게 제지해달라"고 요구했지만 경찰은 "'깜둥이'라고 한 것도 아닌데 뭐가 문제냐, 저런 말 정도는 별것 아니다"라며 합의하라고 권유했다는 것이다. 밖으로는 '글로벌 코리아'를 외치지만 다문화와 다인종에 대한 우리의 인식은 여전히 제자리걸음인 것 같아 안타까움을 자아냈다.

2016년 여성가족부의 한 설문에 따르면 성인 응답자 4천 명 중 31.8퍼센트가 '다른 인종을 이웃으로 삼고 싶지 않다'고 답했는데, 이는 같은 질문에 대한 호주(10.6퍼센트), 스웨덴(3.5퍼센트), 미국(13.7퍼센트) 시민의 반응보다 3배에서 10배 가까이 높은 비율이다. 한국에서 외국인은 잠시 머물다 갈 손님 아니면 낯선 이방인 취급을 받는다. 동경할 때도 있고 다정하게 환대할 때도 있지만, 거리감이 좁혀지지 않는다. 그들은 '우리'가 아닌 타인이다.

나 역시 미국에서 '이민자' 신분으로 살지만, 외국인(혹은 귀화인)

을 대하는 한국인의 태도에 대해서는 정말 할 말이 많다. 그동안 개인적으로 의아했던 점도 한두 가지가 아니다. 한국인은 인종차별에 가장 예민하면서도 동시에 인종차별이 가장 심한 민족이라는 말이 재미 교포들 사이에서 자기 성찰처럼 자주 들린다. 여러 인종이 모여 사는 미국에서조차 한국 교포들의 인종차별적 성향이 잘 드러나는 것이다. 자녀가 백인 친구를 사귀는 것은 좋아해도 흑인 또는 아시아 개발도상국 친구와는 어울리지 못하게 하는 한국 부모들을 미국에서 종종 볼 수 있다. "우리 애는 왜 그렇게 못사는 나라 애들하고만 어울리는지 모르겠다"고 한숨을 토하는 학부모도 보게 된다. 그럴 때마다 나는 오히려 그런 자녀들을 칭찬하라고 말한다. 앞으로 세계를 누비며 살아갈 거라면 경제적으로 잘사는 나라든 못사는 나라든 생김새가 어떻든 받아들이고 존중할 줄 아는 유연함과 포용력이 중요하기 때문이다. 특히 동남아시아나 아프리카 등 개발도상국 출신 유학생들의 경우 훗날 자신들의 나라로 돌아가서 국가적 인물이 될 가능성이 더 크지 않은가. 그러한 친구와 잘 사귀어두는 것은 개인적으로뿐 아니라 국가적으로도 큰 자산일 수 있다고, 조금 불순해 보일지 모르는 설명을 곁들이기도 한다.

동정하지 마세요, 불우이웃 아닙니다

2017년 현재 국내 거주 외국인이 전체 인구의 3퍼센트에 육박하고 계속 증가 추세에 있지만 아직도 한국 사회는 이들을 다양성과 혁신을 가져올 중요한 자산으로 여기기는커녕 한국 사회의 동질성과 순수성을 흐리는 '불순물'로 여기는 경우가 많은 듯하다. 단일민족이라는 긍지와 자부심은 어려웠던 과거에 한국을 지탱하고 사회를 단결시키는 힘으로 작용했다. 그렇지만 이제 세계 10위권의 경제력을 갖추고 많은 분야에서 세계 1, 2위를 다투고 있는 상황에서도 여전히 순혈주의적 민족주의에 연연해서는 더 큰 도약을 이룰 수 없다.

한국에서 자주 들리는 '다문화'라는 말 또한 어떤 맥락에서의 다문화인지 잘 모르겠다. 그럴듯해 보이는 정부의 다문화 정책 역시 자세히 들여다보면 여러 문화의 공존을 도모하기보다는 외국인들을 한국 문화와 제도에 '동화'시키는 데 주안점을 두고 있다. 이러한 정책은 낯선 문화에 빨리 적응하라는 강요와도 같다. 로마에 가면 로마법을 따르는 것이 상식으로 통하던 시대를 살아왔지만 이제는 로마법만 강요하는 로마에는 아무도 가지 않는 시대가 되었다. 또한 세계 곳곳에서 온 다양한 문화권의 사람들이 '한국식'에 적응하는 데 그친다면 그들이 갖고 있는 새로운 아이디어나 재능을 제대로 활용할 기회를 놓치고 만다. 글로벌 인재들이 모여 각자의 재능을 십분 발휘할 수 있는 여건을 만들 수 없다면 한국판 실리콘밸리를 만들겠다는 허황된 꿈은 아예 꾸지 않는 편이 낫다.

다문화주의가 중요한 사회적 담론이자 정부 부처의 주요 정책 기조가 된 지도 어느새 10여 년이 흘렀다. 다문화주의의 원래 취지는 소수 문화의 자율성을 존중해, 그 차이가 발현되고 유용하게 쓰일 수 있도록 포용하자는 것이다. 오랫동안 단일민족의식을 강조했던 한국이 다문화주의를 주요 정책으로 채택한 것만으로도 획기적인 일이라고 할 수 있지만, 한국의 다문화주의는 안타깝게도 본래 취지와 다른 방향으로 가고 있다. 대부분의 프로그램이나 정책이 외국인들을 한국 사회와 문화로 동화시키는 데 편중되어 있고 타 문화에 대한 자국민의 이해를 돕는 일에는 소홀하다. 가령 베트남 신부에게 한국어와 한국 역사를 가르치고 김치 담그는 법은 알려주지만 자국민, 하다못해 그 신부의 한국인 가족들에게라도 베트남의 역사와 문화를 이해하고 존중하도록 돕는 노력은 매우 부족하다. 어느 나라든 새로운 이주민이 그 사회에 잘 정착하도록 도와주기 위해 어느 정도 동화 정책을 펴는 것은 이해할 수 있다. 하지만 그런 점을 감안하더라도 한국의 다문화 정책은 국제사회에서 한국이 차지하는 위상에 걸맞지 않게 미성숙하고 근시안적이며 편향된 부분이 많다.

특히 한국의 다문화 정책은 결혼 이주민, 비숙련 외국인 근로자 등에 초점을 맞추고 있어 사회적 약자 보호 측면에서만 접근하는 성향이 강하다. 그 때문에 다문화 정책의 '보호'와 '특혜'를 받는 외국인은 약자가 되어버리고 한국 국민과의 관계에서 보이지 않는 수직 상하 관계에 놓여 다문화라는 용어 자체가 많은 경우 불우이웃의 의미로 인식되는 지경에까지 이르렀다. 이런 식으로 편중된 정책은 암묵적 갑과 을의 우열 관계를 조성해 정책 대상자들에게서마저 호응을 얻지 못하는 경우가 많고 내국인들에게는 반감과 혐오감까지 일으키고 있다. 또한 동질성이 아닌 '차별화'를 부추기는 시혜성 지원은 일반 국민과 다문화 가정 사이의 사회적 갈등을 조장하기도 한다. 예를 들어 다문화 자녀만을 대상으로 한 '방과 후 프로그램'이라든지 한국 체험학습, 장학금 제도 등은 의도는 좋지만 다문화에 대한 이해를 높이기보다는 '차이'를 강조해 수혜자들로부터도 호응을 얻지 못하는 경우가 많다.

아웃사이더가 아닌 마이너리티

무엇보다 한국에는 소수 또는 소수자에 대한 개념이 명확히 정립되어 있지 않다. 마이너리티minority는 아웃사이더와 같은 뜻이 아니다. 마이너리티는 인종, 계급, 성 정체성 등에 있어서 수적으로는 소수지만 한 사회 내에서 동등한 자격을 가진 어엿한 구성원을 의미한다. 나의 경우 아무리 스탠퍼드 대학 교수라 해도 미국 사회에서 인종적으론 마이너리티에 속하고 시원찮은 영어 발음도 어쩔 수 없는 핸디캡이지만 미국 사회의 구성원으로서 동등한 자격을 가져 차별받지 않고 활동할 수 있다.

한편, 국내 이주민들에 대한 일반 국민들의 의식조사를 그룹별로 살펴본 적이 있는데 탈북민, 조선족, 동남아시아인에 대한 인식에 큰 차이가 없어 적잖이 놀랐다. 자신의 직장 동료, 자녀의 배우자 등 자신과 가까운 관계로서 이들 이주민 그룹을 어떻게 받아들일 것인가 하는 질문에 한국인들은 아주 미묘한 정도의 차이만 있을 뿐 이들 모두에 부정적 반응을 보였다(2010년의 한 조사에서 탈북자, 조선족, 동남아시아인을 자녀의 배우자로서 꺼린다는 응답은 각각 60.7퍼센트, 65.2퍼센트, 70.8퍼센트로 나타났다). 법적인 측면에서 보면 탈북민과 결혼 이주민은 대부분 한국 국적을 가졌으므로 '한국인'에 더 가깝다고 볼 수 있고 탈북민과 조선족은 민족적 동질성이 있으므로 친근감이 훨씬 클 것이라 예상했지만, 국적이나 인종적 뿌리에 관계없이 한국인들에게 그들의 존재감은 비슷했다. 혹시 조사가 잘못되었나 싶어 여러 자료를 비교해보았지만 결과는 크게 다르지 않았다. 한국인들은 국적이나 인종에 상관없이 이들 이주민 모두를 아웃사이더라는 개념으로 정리하고 있는 것이다.

한국이 한 단계 더 나아가려면 소수자에 대한 개념이 정립되어야 하며 이들에 대한 제도적, 정책적 배려책도 마련되어야 한다. 특혜는 지금도 있다. 일자리 특혜, 국적 관련 특혜, 건강보험 특혜, 다문화가정 특혜 등 많은 특혜성 정책들이 있지만 단순히 특혜를 준다는 식으로 접근할 게 아니라, 그들이 여느 한국인과 분리되어 사회와 소통하지 못하고 방치되는 것을 막아야 한다. 예를 들어 공교육 교과 과정에서 다양성에 대한 인식을 높일 수 있도록 교과서에 관련 내용을 싣는다든지 중국, 몽골, 베트남 등 국내 이주민들을 많이 배출한 나라의 서적 등을 국내에서 번역본으로 발간해 적극 소개하는 방법 등이 있다. 그렇게 하면 이주민들에 대한 이질감을 낮추고 다른 문화에 대한 이해도도 높일 수 있다. 지금은 정책의 초점이 이민자에게 맞춰져 있지만 이 초점을 한국인에게로 옮겨와 서로 이해하기 위해 함께 노력해야 한다.

한국 사회가 점차 다인종multi-ethnic화되고 있지만 진정한 의미의 다문화multi-cultural 사회로 가는 길은 아직 멀게만 느껴진다. 앉아서 누군가가 이쪽으로 오기를 기다리지 말고 나도 그쪽으로 걸어가기 시작한다면 그 거리가 좀더 빨리 좁혀지지 않을까.

07 이민국, 아직은 이르다

인재 유치 경쟁은 점점 더 피 튀기는 총력전이 될 텐데, 후발주자인 한국은 이미 여러 불리한 여건에 놓여 있다. 외국인, 특히 비서구인이나 이민자들에 대한 문화적 편견도 그렇고 혈통주의에 의거한 국적법 등 제도적 측면에서도 그렇다. 그렇다면 어떻게 인재 유치 전쟁을 준비해야 하나?

이민이 답인가?

이에 대한 답으로 한국도 이제는 이민국으로의 전환을 적극 고려해야 한다는 주장이 조심스레 흘러나오고 있다. 연세대 국제대학원의 모종린 교수는 『이민강국』이라는 저서에서 한국도 이민 정책을 고려하고 필요에 따라 분야별로 확대하면 '이민강국'이 될 수 있다고 주장한다. 특히 "캐나다나 미국처럼 이민자 수가 많다고 이민강국이 되는 것이 아니라 덴마크나 스위스처럼 필요한 이민자를 받아 잘 활용하는 나라가 이민강국이다"라는 그의 주장에 귀를 기울일 필요가 있다. 아베 총리는 아예 대놓고 "일본을 이민자들이 가장 빨리 영주권을 받는 나라로 만들겠다"고 공언하기도 했다. 이젠 한국도 더이상 이민을 배척하고 순혈주의를 자랑삼을 여유가 없다.

그럼에도 불구하고 한국이 이민을 적극 수용해야 할지는 현실적으로 쉽지 않은 문제다. 반이민 정서가 휩쓸고 있는 유럽과 트럼프로 대변되는 최근의 미국만 봐도 이민이 그리 간단한 문제가 아님을 알 수 있다. 결론부터 이야기하자면 한국 사회는 아직 이민을 적극적으로 받아들일 준비가 되어 있지 않으며 해외 인재들도 한국에서 적당 기간 거주하면서 커리어를 쌓는 것 이외에는 한국으로 영구 이주할 생각이 없어 보인다. 이민이 한국인들에게 자연스레 받아들여지고 주요 정책으로 자리잡기까지 적어도 10년 이상은 걸릴 것으로 예상된다. 그때까지는 완전한 이민과 다른 중간 단계로서의 전략과 정책이 필요하다.

해외 인재를 유치할 수 있는 여러 유형과 단계 중에서 우선적으로 유학생 유치와 이들의 국내 취업을 통한 해외 인재 유치에 나서야 한다. 호주나 캐나다, 미국과 같은 선진 이민 국가들은 유학-취업-이민으로 이어지는 경로를 단계적 또는 개별적으로 적극 활용하고 있지만, 뉴질랜드와 같은 경우는 이민 국가임에도 유학-취업 경로에는 적극적이지만 이민으로까지 이어지는 경우는 많지 않다. 일본은 최근 들어 유학-취업 경로를 활성화시키고 있으며, 독일은 취업 비자를 통해 자국에서 필요로 하는 직종에 해외 인력을 수입하고 이것이 이민으로 이어지게끔 하는 취업-이민 사례로 유명하다. 반면 한국은 이민은커녕 아직 '유학-취업' 경로조차 확보하지 못하고 있다.

한국에서 유학-취업 경로가 쉽게 이루어지지 않는 주된 요인은 유학생 선발 기준과 깊은 관련이 있다. 호주의 경우 외국 학생에 대한 장학금이 많지 않은데도 많은 학생이 자비로 유학을 하는 것은 졸업 후 취업할 기회가 많기 때문이다. 시드니나 멜버른 같은 도시의 거리를 걷다보면 '여기에서 커리어를 시작하라'는 유학생 대상 광고를 쉽게 볼 수 있고, 일본만 해도 졸업 후 일본 기업으로의 취업을 목표로 유학 오는 학생들이 많아 유학생들의 취업을 돕는 프로그램이 활성화되어 있다. 이에 비해 한국은 아직까지도 '한류' 바람을 타고 오는 유학생이나 대학들이 모자라는 정원을 충원하기 위해 모집하는 유학생의 경우가 많아 실제로 한국 기업들이 이들을 전문 인력으로 활용하기가 쉽지 않다. 실제로 대학 관계자나 기업 인사 담당자들하고 이야기해보면 한국에 온 유학생 중 마땅히 활용할 인재가 그리 많지 않다고 한다.

그럼에도 불구하고 10만 명을 넘어서는 재한 유학생들은 한국의 잠재적 자산임에 틀림없다. 선발 과정부터 심혈을 기울이고 학사 관리를 철저히 해 유학이 취업으로 연결될 수 있도록 보다 적극적인 지원책과 관리책을 마련해야 한다. 대부분의 대학이 유학생 유치에는 적극적인 반면 사후관리에 매우 미흡하다. 정부는 물론 대학 본부에서조차 본교에서 공부한 유학생들의 국내 취업률은 어떤지, 이에 대한 통계 자료도 제대로 갖고 있지 않으니 참으로 답답한 노릇이다. 나날이 늘어가는 국내 유학생들을 제대로 활용하지 못하는 것도 하나의 인재 유출이므로 국가적으로 큰 손실이 아닐 수 없다.

유학이나 취업을 통해 해외 인재를 유치한다 하더라도 여전히 외국인에게 배타적인 한국 문화 때문에 이들을 이민으로 연결시키기가 매우 어렵다. 한국 대기업에서 일하고 있는 인도나 동남아 출신 외국인 전문인력을 만나 인터뷰한 적이 있다. 이들은 자국보다 두 배 정도 높은 보수에 끌려 한국에서 일하고 있다고 했다. 일 자체에 대한 만족도는 나쁘지 않은 편인데 사회 문화적으로 한국에 사는 것이 너무 힘들다는 하소연이 뒤따랐다. 인도인들의 경우 대기업 구내 식당에는 채식 도시락이 준비되어 있어 그나마 다행이지만 사회 전반적으로 인도 음식이나 문화에 대한 이해가 높지 않아 어려움이 있고, 자녀 교육 문제에서도 너무 비싼 외국인 학교와, 외국인 학생에 배타적인 일반 한국 학교 사이에서 늘 고민한다고 한다. 또한 이들 대부분이 매년 계약을 갱신해야 하는 비정규직으로 일하고 있으며 십수 년 일한 경력직임에도 불구하고 자신들의 직위는 아직도 사원이라며 실망감을 내비치기도 했다. 정식 공개채용을 통해 입사한 것이 아니기 때문에 정식 승진 경로가 없는 것이다. 자신이 '영원한 사원'으로 남을 수밖에 없는 한국에서는 몇 년 경력만 쌓고 떠나겠다고 말하는 이들을 보면서 한국의 미래에 대한 회의가 밀려왔다.

이런 상황에서 이민을 해외 인재 유치의 핵심 전략으로 삼는 것은 비현실적이고 비효율적이다. 이민을 받을 사람도 올 사람도 준비가 되어 있지 않으니 말이다.

'유학-취업-가교' 전략

지금까지 한국은 외국인 인재 수입보다는 인재 유출brain drain에 대응해 해외에 나가 있는 자국민 인재를 데려오는 데 초점을 두었다. 인재 순환brain circulation이라고 불리는 이 현상 덕분에 외국에서 공부하고 한국에 돌아와 각 분야에서 힘쓰는 인재들을 쉽게 찾아볼 수 있다. 중국 정부가 적극 추진하고 있는 '천인 계획千人計劃, 1000 talents plan'이나 말레이시아 정부가 총리실 산하에 설치한 '인재채용지원기관the talent corporation'도 인재 순환이라는 같은 맥락에서 이루어지고 있다. 하지만 아무리 전투적인 인재 순환 정책을 편다 해도 외국에서 공부한 인재를 모두 자국으로 데려올 수는 없으니, 어느 나라건 일정 수준의 인재 유출은 불가피하다. 한국처럼 해외 유학을 많이 가는 경우엔 더더욱 불가피하다.

하지만 프레임을 바꾸면 인재 유출에 대해서도 다르게 접근할 수 있다. 해외에 있는 인재를 한국에서 활용할 수만 있다면 그 인재는 더이상 '유출'된 인재가 아니라 한국에 다른 방식으로 기여하는 인적 자산이 된다. 지금까지는 자국민이든 외국인이든 인재가 갖고 있는 지식이나 경험 등을 활용하려면 우선 그 인재를 자국으로 데려와야 한다는 전제가 있었다. 그러나 요즘 시대에는 그 인재가 갖고 있는 인적 자본human capital뿐 아니라 사회적 자본social capital의 중요성에 주목해야 한다.

사회적 자본은 쉽게 말하면 그 사람이 형성하고 있는 관계, 즉 네트워크라고 할 수 있다. 하버드 대학 교수인 로버트 퍼트넘은 사회적 자본을 '결속형 사회적 자본bonding social capital'과 '연계형 사회적 자본bridging social capital'으로 나누고 있는데 우리가 주목해야 할 것은 후자다. 결속형 사회적 자본이 동창회처럼 그룹 내 같은 멤버들 간의 네트워크를 일컫는다면, 연계형 사회적 자본은 그룹 간의 가교 역할을 하는, 즉 서로 다른 두 그룹을 연결할 수 있는 능력을 의미한다. 예를 들어 부산에서 태어나 자란 사람이 서울에서 학교를 다니고 일하면서 양쪽 지역에 네트워크를 갖고 있다면 서울-부산 간 가교 역할을 할 수 있는 힘이 생기는 것이다. 연계형 사회적 자본은 단순히 개인의 지식이나 경험에서 나오는 것이 아니라 그룹 간의 긴밀한 네트워크에서 생성되며 이를 통해 상호 정보 공유나 인적 교류 등을 훨씬 쉽게 할 수 있다.

글로벌 인재의 진정한 가치는 그들이 갖고 있는 기술이나 경험뿐 아니라 뛰어난 국제적 인적 네트워크망에도 있다. 이들은 기업이나 공공 분야 등 자신들의 전문 분야에서 여러 국가 간 국제적 가교 역할transnational bridging을 할 수 있는 잠재성을 지니고 있다. 특히 한국과 같은 비이민 국가는 인적 자본을 강조하는 기존 접근만으로는 한계가 있다. 아무리 적극적인 인재 유치 정책을 펼쳐도, 사회 문화적으로 외국인에게 배타적인 한국으로 해외 인재를 완전히 이주시키는 데는 한계가 있는데다 재외 유학생을 전부 귀국시킬 수도 없다.

이러한 맥락에서 한국이 취할 수 있는 구체적인 전략으로 이민보다 국제적 가교에 초점을 둔 '유학-취업-가교' 또는 '취업-가교' 프레임을 제시하고 싶다. 호주, 캐나다, 미국 등 이민 국가들은 '유학-취업-이민'의 프레임을 갖고 있지만 한국처럼 아직 이민자를 받아들일 현실적, 심리적 준비가 안 된 사회에서는 '유학-취업'을 통한 국제적 가교 역할에 초점을 맞추면서 시간을 두고 점진적으로 이민정책을 마련해가는 것이 더욱 현실적이고 효율적인 방안이라고 보기 때문이다. 이민보다 국제적 가교 역할에 초점을 맞춤으로써 최근 유럽과 미국을 휩쓸고 있는 반이민 정서 확산을 미연에 방지하는 효과도 있을 것이다.

외국 인재 유치의 목표를 국제적 가교 역할에 둔다면 그에 맞는 전략과 정책이 마련되어야 한다. 국내에 거주하는 외국 인재를 한국 사회에 동화시키려 하기보다는 그들이 한국에 머무는 동안 한국에 대한 애정을 갖게 하고 한국인들과의 관계를 두텁게 형성할 수 있도록 지원하고 관리하는 것이 중요하다. 그래야 한국을 떠난 뒤에도 한국에 대한 긍정적인 인식을 가지고 한국과 세계를 잇는 가교 역할을 할 수 있기 때문이다.

이들이 한국에서 지내는 동안 한국에 대한 부정적인 인식을 형성하고 반한감정만 키우게 된다면 이들이 한국을 위한 국제적 가교 역할을 하고자 할 리 만무하다. 한국을 찾는 외국인이 많아지면서 크고 작은 마찰이 잦아져 가끔 걱정되기도 한다. 하지만 달리 생각하면 한국 사회가 더불어 사는 사회로 이행하며 적응기를 보내고 있는 것 같아 비관적이지만은 않다.

코리안 디아스포라를 활용하자

코리안 디아스포라, 즉 재외동포 활용 방안도 고민해야 한다. 특히 이들이 한국으로 돌아오지 않더라도 이들의 국제적 네트워크를 활용해 한국 사회와 경제에 공헌할 수 있도록 유도하는 전략이 필요하다. 해외에서 학위를 받은 후 귀국하지 않고 현지나 제3국에 남은 해외 유학생 그룹도 사회적 자본으로서의 활용가치를 높이 평가해야 한다. 미국 내 대학에서 STEM 분야 박사 학위를 취득한 한국 유학생 중 귀국하지 않고 미국에서 취업하는 이들의 비율은 50퍼센트가 넘는데, 그런 경우를 인재 유출이라고 볼 수도 있겠지만 그렇다고 해외 유학을 줄이도록 하는 것이 대안이 될 수는 없다. 오히려 이들이 귀국하지 않더라도 해당국에서 자리를 잘 잡고 있으면 경우에 따라 이들이 한국에 돌아와서 일하는 것보다 더 큰 가치를 발휘할 수 있음을 인식해야 한다. 나 역시 미국에 유학 올 때는 박사 학위를 받은 후 당연히 한국으로 돌아갈 생각이었고, 커리어를 쌓는 동안 내가 있어야 할 곳이 어디인지 적잖이 고민했지만, 이젠 미국 학계에 남아 한국을 연구하고 후학을 양성하는 것이 한국에 돌아가 '한국 사람'으로 사는 것보다 더 의미 있고 중요한 일이라는 확신이 든다.

21세기는 인재 전쟁의 시대이고, 인재 전쟁은 총력전이다. 이 험난한 전쟁에서 세계 곳곳에 흩어져 활약하고 있는 코리안 디아스포라는 매우 든든한 지원군이 될 것이다.

하지만 아직도 외국인에게 배타적인 한국이 치열한 인재 전쟁을 치르기엔 역부족이고, 이민을 대안으로 제시하기도 이르다. 뭔가 새롭고 다른 전략이 필요한데, 세계 곳곳에 흩어져 있는 코리안 디아스포라를 중요한 사회적 자원으로 활용하는 데서 실마리를 찾을 수 있다. 이 험난한 전쟁 상황에서 세계 곳곳에 흩어져 활약하고 있는 코리안 디아스포라는 매우 든든한 지원군이 될 것이다.

3부

다른 나라에서

SUPERFICIAL KOREA

01 '등 터지던 새우'에 작별을 고함

한국에선 대통령선거가 끝난 후 관행적으로 당선자가 가장 먼저 하는 일 중 하나가 미국, 일본, 중국, 러시아 4강의 주한 대사를 접견하고 이들 국가에 특사를 파견하는 것이다. 그런 관행은 이번에도 달라지지 않았다. 꼭 그렇게 해야 하는 이유가 있을까? 마치 조선시대에 새로운 임금이 즉위하면 중국에 특사를 파견해 황제의 윤허를 요청하던 일을 연상케 한다. 한국의 국제적 위상을 스스로 부정하는 듯한 자신감 없는 태도가 아쉽다.

유럽의 여러 나라들과 비교하면, 한반도는 영토나 인구 면에서 영국이나 독일에 맞먹는, 결코 작지 않은 나라다. 지정학적 위치 때문에 동북아시아에서는 상대적으로 훨씬 작게 느껴지는 것이다. 더구나 지난 100여 년의 한반도 역사를 회고해보면 세 번의 큰 전쟁이 있었다. 그런데 모두 중국과 일본, 러시아와 일본, 미국과 소련 등 강대국들의 싸움터가 된 경우다. "고래 싸움에 새우 등 터진다"는 말이 나온 이유가 있었다. 더구나 6·25의 총성은 멈추었지만 한반도는 아직도 기술적 전쟁 상태technically at war로 남아 '탈냉전 시대의 냉전'이 지속되고 있으며 이런 상황이 언제까지 이어질지도 알 수 없다. 미국에선 6·25를 '잊혀진 전쟁'으로 부르지만 한국인에겐 영원히 '잊을 수 없는 전쟁'이고 현재 진행형인 전쟁이다. 지금까지 남북한이 대치하면서 치른 대가는 엄청나다.

더이상 실패하면 안 되는 외교

6·25를 '코리안 워Korean War, 한국 전쟁'라고 하지만 나는 동의하지 않는다. 전쟁이 한반도에서 일어났기 때문에 그렇게 불리기는 하지만 따지고 보면 한국인들끼리만 싸운 전쟁이 아닌 미소 간 냉전 시대의 서막이었다.

한국의 근대사가 비극으로 점철된 이유를 곰곰이 생각해보면 결국 국론 분열과 외교의 실패 때문이었다. 19세기 말 이후 서구 열강의 각축 속에서 동북아의 지정학적 질서가 요동치던 당시 조선은 친중파, 친일파, 친러파 등으로 나뉘어 있었다. 1905년 대한제국은 일본과 미국이 가쓰라-태프트 밀약을 통해 일본의 한반도 지배를 용인하는 것조차 모를 정도로 국제정서를 파악하지 못했으며 외교력도 형편없었다. 1945년 일본 패망 후에는 미국과 소련을 양축으로 한 냉전 시대가 도래하고 있었지만, 새로운 질서의 본질과 방향을 제대로 읽지 못한 채 국론은 사분오열되었고 국제 무대에서 아무런 목소리도 낼 수 없었다. 『한국 전쟁의 기원』이라는 저서로 유명한 브루스 커밍스를 비롯한 많은 미국 학자가 한반도 분단의 주요 원인으로 한국 지도자들의 분열을 꼽았다.

그런데 오늘날 요동치는 동북아의 질서를 보면서 다시금 19세기 말에 한국이 처했던 상황이 자꾸 떠오른다. 중국의 급격한 부상으로 1945년 이후 미국 주도로 형성됐던 동북아의 질서가 달라지고 있다. 오바마 행정부는 아시아 재균형 정책을 통해 미국의 지위를 유지하려고 했지만 미중뿐 아니라 중일 간의 경쟁과 갈등이 심화되고 있다. 더구나 트럼프가 대통령에 당선된 이후 미국의 대외 정책은 불확실성만 키우고 있다. 북한의 핵무장은 점차 현실화되고 있으며, 이는 동북아 질서를 위협하는 와일드 카드다. 그럼에도 주요 외교안보 현안에 대한 진보와 보수 간의 남남갈등은 심각한 수준을 넘어서고 있다. 단지 민주사회에서 있을 수 있는 다양한 의견으로 여기기엔 그 정도가 지나쳐 불안하고 마음 한구석이 편치 않다.

한편, 세계적으로는 '민족주의자들의 리그'가 번성하고 있다. 이는 전 유럽을 혼란에 빠뜨렸던 브렉시트, 전 세계를 충격으로 몰아넣은 트럼프 미국 대통령 당선에 이어 프랑스, 스페인, 헝가리 등 유럽에서도 극우민족주의정당이 득세하는 현상을 가리켜 영국 주간지 『이코노미스트』가 칭한 표현이다. 세계 질서는 요동치고 있다. 미국 우선주의를 외치면서 당선된 트럼프는 1990년대 클린턴 행정부 이후 미국이 리드해온 글로벌주의에 정면으로 도전하고 있으며, 지역 통합의 대표격인 유럽연합은 영국의 탈퇴 결정으로 심각한 위기를 맞고 있다. 비록 프랑스에서는 극우정당인 국민전선의 르펜이 대통령선거에서 패배하긴 했지만 극우민족주의의 흐름은 유럽 곳곳을 강타하고 있다.

반글로벌주의, 인종차별적 민족주의, 반기득권 포퓰리즘이 세계 곳곳을 휩쓸고 있는 가운데 국제적 협력보다는 자국의 이익을 극대화하기 위한 제로섬 경쟁이 점점 더 심해지고 있다. 한국의 주변국들만 해도 푸틴, 시진핑, 아베, 김정은 등 민족주의 내지는 포퓰리즘을 등에 업은 스트롱맨들이 각축을 벌이고 있다. 이러한 새로운 국제적 흐름은 한국에 커다란 도전이 되고 있다.

자원이 빈약하고 국내 시장이 협소한 한국은 외부로 향하지 않고는 발전하기 어렵기 때문에 국제 관계는 생존 문제와 직결될 만큼 중요하다. 돌이켜보면 한강의 기적을 이룬 가장 큰 원동력은 한국인들의 피땀이었지만, 관련국들과의 국제 관계 역시 그만큼 중요했다. 미국이 제공한 경제 원조와 안보우산, 일본이 일군 발전 모델은 큰 도움이 됐다. 또한 중국이 문화혁명 등의 사회 변혁기를 거치며 국제사회와 담을 쌓고 지내는 동안 한국이 그러한 역사적 기회를 잘 포착한 점도 간과할 수 없다. 새롭게 등장한 민족주의자들의 리그 시대에 한국이 영리하게 대응할 방법을 찾아야 한다.

언제까지 '고래 사이에 끼인 새우'란 말인가?

학창 시절 국사 시간에 가장 많이 들었던 말 중 하나가 "고래 싸움에 새우 등 터진다"였다. 패배주의적인 표현이지만, 당연히 그런 줄로만 알았다. 지금도 미국에서 한반도 전문가들이 한국을 설명할 때 가장 흔히 쓰는 표현이다. 한국이 처한 지정학적 위치와 역사적 경험을 생각해볼 때 틀린 말은 아니지만, 세상은 변했고 한국의 위상도 변했는데 이러한 인식은 쉽게 변하지 않고 있다. 그래서 그런지 한국 외교의 축은 소위 '4강 외교'가 되었고, 정부도 국민도 이를 당연시해왔다.

고래와의 외교는 물론 중요하다. 하지만 한국은 더이상 고래 싸움에 등이 터지는 새우가 아니다. 세계 10위권을 다투는 국력과 국제적 위상에 걸맞은 외교력을 발휘해야 한다. 2007년 반기문 UN 사무총장을 배출하며 한국은 국제사회 이슈에 적극적인 역할을 펼칠 것이라는 기대를 한 몸에 받았다. 2010년에는 G7이 아닌 나라로는 처음으로 G20 의장국으로 선출되었고, 2012년에는 미국에 이어 두번째로 핵안보정상회의를 개최했다.

이처럼 한국의 역량과 역할에 대한 국제사회의 기대가 높지만, 자신감의 결여인지 겸손의 미덕인지 안타깝게도 한국의 외교는 여전히 뭔가 움츠린 모습이다. 북한 문제만 해도 우리의 문제라고 생각하기보다는 미국과 중국이 해결해주길 바라는 모양새다. 남북 관계를 개선해 미국과 중국에 대한 안보 의존도를 줄이고 우리의 전략적 공간을 확보하려 노력하기보다는 미국과 중국 사이에서 우리가 할 수 있는 게 별로 없다는 패배주의에 빠져 있을 때가 많다. 그러다보니 미국과 중국 사이에서 눈치 보기 바쁘고 외교안보 전략 면에서 때로는 북한에도 뒤처지는 느낌이다. 자신감 있게 자신의 외교 전략을 밀어붙이는 아베가 부럽기까지 하다. 한국의 외교는 변해야 한다. 언제까지 고래 싸움에 등이 터질까 전전긍긍하는 새우로 남을 수는 없다.

돌고래 외교를 하자, 한국은 미들파워다

왜 하필 돌고래인가? 고래와 새우는 별다른 이해관계도 없는데, 새우는 단지 몸집이 작고 같은 바다에 산다는 이유로 고래끼리 싸울 때 등이 터진다. 하지만 한국은 미국, 중국, 일본, 러시아 등 소위 고래로 여겨지는 나라들과 경제, 안보 면에서 긴밀한 이해관계를 갖고 있으니 서로 별 연관 없는 새우라기보다는 같은 고래목에 속하는 돌고래에 비유하는 것이 적합하다. 돌고래는 고래보다 상대적으로 몸집이 작지만 더 민첩하고 영리하다.

한국은 더이상 새우가 아니며, 고래와 경쟁도 하고 협력도 해야 하는 돌고래다. 그러니 당연히 돌고래의 몸집에 맞는 외교를 펴야 한다. 특히 돌고래처럼, 한국 외교는 쉬지 않고 움직여야 한다. 돌고래는 포유동물이기 때문에 물 위에서 숨을 쉬어야 하고, 수면중에도 주기적으로 물 위로 올라가야 해서 뇌를 한쪽씩 번갈아 사용해가며 잔다고 한다. 또한 공감능력과 소통능력, 수중 환경에 적응해 복잡한 음파를 사용하는 언어능력 등도 뛰어나다. 한국 외교에 꼭 필요한 특성들이다.

돌고래라는 비유를 외교학적인 용어로 바꾸면 중추적 중견국가(미들파워) 정도가 될 것이다. 지금까지 4강 외교라는 말이 '고래 사이에 끼인 새우'의 소극적 자세를 뜻했다면, 돌고래 외교란 중견국가의 덩치에 맞는 더욱 적극적인 외교를 의미한다고 할 수 있다. 국제사회에서 캐나다, 호주, 브라질, 인도네시아 등 중추적 중견국가들의 역할이 증가하고 있다. 한국도 이러한 거시적 흐름을 잘 포착해야 한다.

그렇다고 4강 외교가 중요하지 않다는 말은 아니다. 그보다는 덩치 큰 고래에 대한 피해의식에서 벗어나 국익을 위해선 고래도 설득할 수 있는 적극적인 외교 마인드를 가져야 한다는 말이다. 물론 돌고래 외교가 말처럼 쉽지 않기 때문에 국민의 지지를 바탕으로 끊임없이 치밀하고 정교한 전략을 만드는 노력을 해야 한다.

눈치만 보는 모습이 실망스럽다

2015년에 한국은 고고도지역방어체계THAAD 배치와 아시아인프라투자은행AIID 가입 문제를 놓고 두 고래, 즉 미국과 중국 사이에서 우왕좌왕하는 모습을 보였다. 미국은 사드 배치가 북한의 핵미사일 공격을 막는 데 필요하다고 주장했다. 이에 대해 중국은 이것이 자국의 안보에 침해가 되고 궁극적으로는 한국을 미국 주도의 미사일 방어 체제에 포함시키려는 미국의 전략이라며 강력하게 반대했다.

그런데 이런 상황에서 나온 한국의 반응이 기가 막혔다. 미국과 중국, 양측의 이해관계가 첨예하게 충돌하는데도 주무 부처인 국방부 장관은 '전략적 모호성'을 주장하고, 외교부 장관은 당시 상황을 미국과 중국 양쪽으로부터 '러브 콜'을 받는 가슴 벅찬 상황으로 미화했다. 해외의 많은 전문가는 외교안보 책임자들의 이러한 황당하고 무책임한 표현에 실소를 금치 못했다. 나는 연구소 내 미국 동료들의 이런 반응을 보면서 마치 내 잘못이기라도 한 듯 창피함을 감출 수 없었다. 저간의 사정을 모르고 이런 발언을 했다면 한국 외교안보 사령탑에 심각한 문제가 있는 것이고, 알고도 일부러 그랬다면 국민을 우습게 본 처사다.

사드 도입 과정을 보자. 상반된 이해관계에 놓여 있는 미국과 중국은 모두 한국을 압박했다. 이는 어느 정도 예견되었던 일이다. 그럼 한국은 어떤 입장을 취해야 했을까? 한국은 국가 안보의 가장 중요한 축은 한미 동맹이라는 원칙과 북한의 위협이 엄존한다는 기본적인 사실에 입각해 이 문제를 다루어야 했다. 중국이 반대한다고 눈치 보며 멈칫할 것이 아니라, 오히려 중국에 "반대할 거면 북핵 문제 해결에 발벗고 나서라. 그러지 않으면 우리도 국가 안보를 위해 사드 배치를 할 수밖에 없다"고 역공을 취해야 했다. 마치 배치하지 않을 것처럼 전략적 모호성 운운하다가 갑작스레 배치해 중국으로 하여금 오히려 배신감만 느끼게 하고, 중국의 경제 보복에 당황한 형국이 안타깝다.

반대로 아시아인프라투자은행 가입 문제도 미국 눈치만 볼 사안이 아니었다. 중국이 주도하는 인프라은행 설립은 미국과 일본 주도의 세계은행과 아시아개발은행을 견제하려는 성격이 강하다. 따라서 미국이 협조하지 않는 것은 현실적으로 당연한 일이다. 하지만 한국으로서는 무역 등에서 중국이 차지하는 비중으로 볼 때 경제 분야에서 중국과의 긴밀한 협력이 불가피하다. 한국이 아시아인프라투자은행에 가입하는 것이 한국의 국익에 부합할 뿐 아니라 미국의 이익에 반하는 것이 아니라고 미국을 설득해야 했다. 어정쩡하게 미국의 눈치만 보다가 영국을 비롯한 유럽 국가들이 가입하니 이때다 싶어 서둘러 막판에 가입한 행동은 실망스러운 눈치 보기 외교가 아닐 수 없다. 후일 미국 내에서조차 미국이 아시아인프라투자은행 설립에 부정적 입장을 취한 것에 대해 비판적 여론이 있었다. 이런 것으로 볼 때 한국의 자주적이지 못한 소극적 태도는 큰 아쉬움을 남겼다. 중국 역시 한국의 이런 태도를 긍정적으로 볼 리 만무하다.

원칙은 분명하게, 전략은 유연하게

동아시아를 비롯해 세계 무대에서 미국과 중국의 소위 G2 외교전이 치열해질수록 한국으로선 앞에서 언급한 것과 유사한 상황에 직면하는 일이 더 많아질 것이다. 특히 미중 간 경쟁과 갈등이 심화될 경우 한국은 미국과 중국 사이에서 난처한 입장에 빠지기 쉽다. 이런 때일수록 분명한 원칙을 세우되 전략적 유연성을 갖고 적극적으로 강대국을 설득할 수 있는 외교를 펼쳐야 한다. 그러기 위해선 한국도 나름의 전략적 카드를 쥐고 있어야 한다. 국제사회의 냉정한 현실은 동정이나 무능을 허용하지 않는다. 가령 지금처럼 남북 관계, 한중 관계, 한일 관계가 모두 좋지 않은 상황에선 한국이 갖고 있는 전략적 레버리지가 매우 약하다.

남북 관계 개선은 1차적으로 한반도 평화에 기여할 것이다. 더 나아가서는 미국과 중국에 대한 안보 의존도를 줄이고, 미중 간 전략적 불신을 줄일 수 있는 한국의 중요한 전략적 카드가 될 수 있다. 또한 중국과 일본 간에도 전략적 불신이 증폭되고 있으므로, 한국이 중국과 일본 양국과 우호적인 관계를 유지하고 있으면 동북아에서 한국의 전략적 가치를 높일 수 있다. 2011년 9월 1일 한중일 3국 간 협력을 촉진하기 위한 '한중일 3국 협력사무국'이 문을 열었는데, 이 사무국의 본부가 베이징도 도쿄도 아닌 서울에 있다. 중국이나 일본이 서로 상대국보다는 한국에 있는 것이 낫다고 판단했기 때문이다. 중일 간 헤게모니 경쟁 구도 속에서 한국이 나름대로 위치를 찾고 동북아 지역의 긴장과 갈등을 해소하는 데 기여할 수 있음을 보여준 좋은 예다.

마지막으로 외교에서는 국민적 합의와 지지가 절대적으로 필요하다. 외교는 전문성이 필요하고 비공개로 움직여야 할 사안도 있으므로 정부와 전문가 집단이 이끄는 것이 맞다 하더라도 더이상 전문 외교관의 전유물은 아니다. 정파를 떠나 국가적으로 중요한 안보 사안에 대해서 국민적 합의를 모으는 관행을 만들어야 한다. 무엇보다 주요 사안에 대한 투명성을 높여 국민이 외교안보 사안에 대해 갖고 있는 심리적 거리를 좁히고 여론을 수렴하려고 노력해야 한다.

사드 배치만 해도 국민들에게 그 과정을 좀더 투명하게 설득하려 했더라면 후폭풍을 줄일 수 있었을 텐데 하는 아쉬움이 남는다. 과거에는 여론이 국내 이슈에만 중요하고 외교안보 사안에는 별 영향을 미치지 않는다고 생각했지만 지금은 어느 나라든 국민 여론을 외교 전략의 중요한 한 부분으로 인식하고 있다. 국민의 지지가 없을 때는 외교가 힘을 발휘하기 어렵다. 외교가 국내 정치에 이용되거나 정쟁의 대상이 되어서는 안 된다.

02 지겨운데다 도움도 안 되는 '반미' '친미' 프레임

"양키 고 홈!"

1980년대 대학가에서 "전두환은 물러가라"와 짝을 이루던 민주화운동의 단골 구호는 "양키 고 홈"이었다.

한국 현대사에서 '반미'는 뿌리도 꽤 깊고 그 형태도 다양하다. 어떤 때는 반미'주의'였을 것이고, 어떤 때는 반미'감정'이었을 것이다. 한국 현대사에서 미국이란 나라는 좋은 의미에서든 나쁜 의미에서든 대부분 중요한 부분을 차지했고, 아직까지도 여전히 중대한 이슈다.

반미, 반미주의, 반미감정

미제는 똥도 좋다던 전후 세대와 달리, 흔히 '86세대'로 불리는 세대라면, 누구나 한 번쯤 미국에 대한 거부감을 느껴봤을 것이다. 한반도 분단에 대한 미국의 책임론, 이승만과 박정희로 이어지는 한국 독재자를 지원한 미국 정부에 대한 반감, 특히 5·18 민주화운동 당시 신군부의 만행을 용인한 미국에 대한 분노는 1980년대 운동권을 필두로 대학가에 급속도로 퍼졌다. 2002년 여름에 발생한 여중생 장갑차 압사 사건을 계기로 다시 한번 뜨겁게 달아오른 한국의 반미주의는 사실상 무명에 가까웠던 노무현 후보를 대통령에 당선시키는 데 유의미한 기폭제 역할을 하기도 했다. 당시 여당 대선 후보였던 노무현은 미국에 한 번도 가보지 않은 것을 자랑스럽게 여기며 "반미주의자면 또 어떠냐"고 미국에 대해 공개적인 비판론을 편 첫 한국 대통령이 되었다.

재미 한인 학자로서 한국에서 확산되던 반미감정과 반미운동을 지켜보는 일은 개인적으로 곤혹스럽고 힘들었다. 한국의 역사와 반미주의가 형성된 맥락, 그리고 거기서 파생된 감정적 반응을 당연히 알고 있었지만, 한편으로는 그런 배경에 대해 잘 알지 못하기에 한국의 반미운동을 못마땅하게 바라보는 미국인의 반응도 이해할 수 있었다. 그 몰이해의 틈바구니에서 나는 간명하게 한마디로 뭐라고 말할 수 없어 더욱 곤혹스러웠다. 주위의 많은 미국인들, 특히

6·25 참전용사들은 한국인들의 거센 반미감정을 이해할 수 없어했고, 어떤 이들은 배신감에 분노를 표출하는 항의성 이메일을 나에게 직접 보내오기도 했다. 미국의 주요 언론들도 한국의 반미운동을 과격분자의 비합리적 정치 행위로 묘사하는 등 불쾌감을 숨기지 않았다. 퓰리처상 수상자이자 미국에서는 네오콘의 대변자로 알려진 윌리엄 새파이어 뉴욕타임스 칼럼니스트는 한국의 유권자들은 지난 반세기 동안 그들의 자유를 수호해준 주한 미군에 대한 빚owe을 분노로 갚고 있다며 주한 미군 철수를 주장하기도 했다.

심상치 않은 미국 내 분위기를 보면서 미국인들의 이해를 도와야겠다는 생각에 내가 할 수 있는 일부터 하자는 마음으로 한국의 반미주의에 관한 논문을 몇 편 발표했다. 반미감정의 당위성까지 주장한 것은 아니지만 왜 한국에서 반미운동이 일어나게 되었는지, 그 배경과 이유라도 제대로 알리고 싶었다. 특히 한국인의 반미감정은 이념적이고 정서적인 측면이 강한 반일감정과는 다르다는 점을 역설했다. 그리고 한국에서 일어나고 있는 반미운동은 한국 독재 정부 지원과 같은 미국 정부의 특정 정책에 대한 비판에 집중돼 있음을 밝혔다. 그렇기에 한국 사람은 보통의 미국 사람에게 여전히 우호적이며, 현재의 반미감정은 그동안 종속적인 개념으로 이해되던 한미 동맹 관계가 좀더 수평적 관계로 발전해가는 과정에서 일어나는 일종의 '성장통'이라고 덧붙였다. 그 시기를 잘 지내면 오히려 전화위복으로 삼을 수 있다고 긍정적으로 내다봤다.

다른 한편으로, 기억해야 할 사실도 있다. 한국 내 반미운동의 기폭제가 되었던 1980년 광주에서 일어난 5·18 민주화운동과 신군부의 만행이 당시 국내에서는 언론 통제로 제대로 보도되지 못하고 가려져 있었다. 뿐만 아니라 한국에서는 마치 미국이 신군부 뒤에 있는 듯한 인상을 주었다. 하지만 미국을 비롯한 해외에서는 민주화운동과 관련된 실상이 어떤 의미에서는 한국에서보다 더욱 적나라하게 알려져 있었다. 가감없이 보도한 외신들 덕분이었다. 5·18 민주화운동은 영화 〈택시운전사〉의 모델로도 알려진 독일 ARD TV 위르겐 힌츠페터의 보도를 시작으로 외신기자들에 의해 전 세계로 빠르게 전해졌다. 외신은 이를 "광주학살Gwangju Massacre"이라 일컬으며 한국 정부와 언론의 왜곡된 보도를 비판하기도 했다. 내가 공부했던 워싱턴 대학에서도 때때로 전두환으로 대표되는 신군부의 만행을 알리고 규탄하는 모임이 열렸다. 당시 선교사들이 찍은 사진이나 외신기자들이 찍은 영상 등을 처음 접하며 한국에 있을 때는 자세히 몰랐던 너무나 끔찍한 내용에 심한 충격을 받기도 했다.

2000년 봄 광주에 있는 5·18 기념재단의 후원으로 UCLA와 서던캘리포니아 대학USC이 '광주민주화운동 20주년 기념 학술회의' 행사를 공동으로 개최했다. 이 자리에 5·18 내란죄로 사형선고를 받았던 정동년씨를 비롯해 전남대 해직교수이자 당시 5·18 재단이사장이었던 김동원 교수 등 광주의 여러 인사를 초청하고, 1980년 당시 주한 미국 대사를 지낸 윌리엄 글라이스틴 대사에게 특별 강연을 부탁했다. 글라이스틴 대사와 광주 시민이 함께 만나 5·18 민주화운동에 대해 토론한 것은 아마 그때가 처음이자 마지막이었을 것이다(글라이스틴 대사는 행사 후 얼마 지나지 않아 작고했다). 글라이스틴 대사의 강연에 학생, 교수, LA 교민 등 100여 명이 초청되었는데, 팽팽한 긴장감이 흐르던 현장 분위기가 아직도 생생하다. 혹시 연설중에 누군가 계란이라도 던지거나 소란을 피우면 어떡하나 하는 염려도 했지만, 모두가 강연을 경청하는 가운데 글라이스틴 대사는 덤덤히 자신의 견해를 피력했다.

그는 미국이 강대국이고 아무리 한국에서 영향력이 크다 하더라도 당시 신군부처럼 물불 안 가린 채 목숨 걸고 권력을 잡으려 하는 데는 어쩔 수 없는 한계가 있었다고 말했다. 그리고 신군부의 언론 통제로 관련 사실이 많이 왜곡되었는데도 한국인들이 이를 모두 미국의 책임으로 돌리는 것이 안타깝다고 했다. 뉴잉글랜드 출신의 직업 외교관이었던 그는 재임 기간에 그처럼 비극적인 일이 일어나 회한이 많았을 거라 짐작되었다(글라이스틴 대사는 한국 근무를 마치고 귀임 후 외교관으로서는 은퇴했고, 『뒤얽힌 관계, 영향력의 한계*Massive Entanglement, Marginal Influence: Carter and Korea in Crisis*』라는 회고록을 출간하기도 했다). 그와 개인적으로 대화를 나누면서 전두환, 노태우로 대표된 신군부에 대해 그가 갖고 있는 분노를 느낄 수 있었다. 마음이 많이 힘들었을 텐데 회의에 참석해 광주 시민들과 대화하며 뒤늦게나마 거리를 좁히려 애썼던 글라스타인 대사의 용기에 큰 감동을 받았다.

사실 미국이 세계 최강대국이고 한국에는 더없이 중요한 나라임에 틀림없지만 한국인들은 미국을 과대평가하는 경향이 있다. 역설적이게도 미국을 비판하는 사람일수록 더욱 그렇다. 이들은 미국이 마음만 먹으면 무엇이든 할 수 있다고 믿기 때문에 잘못된 일이 생기면 모두 미국의 책임이라고 생각한다. 일종의 제국주의 음모론이라고 할 수 있다. 실제로 중요한 사건들이 일어날 때마다 미국이 배후에 있다는 음모론을 제기하는 사람들이 제법 있다. 이를테면 박정희 대통령이 미국의 뜻을 거스르며 핵 개발을 추진해 미국이 그를 제거하려 했다거나, 미국이 5·18 당시 한국군의 시민 학살을 사전에 막을 수 있었음에도 불구하고 한국을 미국의 국제정치적 완충 역할로 악용하기 위해 이를 묵인했다거나, 미국이 일본에 영향력을 행사해 결국 한국이 외환 위기를 맞게 되었고 이는 미국이 국제통화기금IMF을 통해 신자유주의를 확산시키려는 의도에서 나온 것이라는 등의 음모론이다. 2010년에 발생한 천안함 폭침 원인이 북한의 어뢰 때문이 아니라 서해안에서 기동훈련중이던 한미연합함대간의 오폭이었고, 미국이 첨단 이지스함의 결함을 덮기 위해 이를 북한의 소행으로 덮어씌웠다는 주장까지 나왔다. 그러나 미국이 세계 최강대국임에는 틀림없지만 음로론자들의 주장처럼 모든 것을 뜻대로 할 수 있는 힘을 가진 것은 결코 아니다. 설사 그런 힘이 있다고 해도 그 힘을 한국에 쓸 만큼 한국은 미국에 핵심적인 존재가 아니다.

미국, 미국인에게 한국은 그렇게 중요하지 않다

그럼 미국, 미국인에게 한국은 무엇인가? 도대체 한국은 미국에 얼마나 중요한 나라이며 미국인들에게 한국은 어떻게 인식되고 있을까? 한국인들이 미국을 중요하게 생각하는 것만큼 미국인들도 한국을 중요하게 생각할까?

실망스럽겠지만 솔직한 대답은 "아니요No"다. 한국이 미국에 중요한 나라인 것은 틀림없지만, 한국이 미국을 생각하는 것만큼은 아니다. 한미 동맹은 한국의 안보에 가장 중요한 축이지만 미국 입장에서는 여러 동맹 중 하나일 뿐이고 가장 핵심적인 동맹이라고 할 수도 없다. 좀더 직설적으로 표현하자면 대미 관계 문제가 늘 한국 외교안보의 1순위 사안이었던 것과 달리 한반도 정책이 미국 외교안보의 1순위였던 적은 거의 없다. 당연한 이야기 같지만 한국인들은 종종 이 점을 잊고 있는 것 같다. 그렇다고 이런 관심이나 중요도의 비대칭성이 단순히 한미 관계에서 한국의 종속성을 의미하는 것은 아니다. 이 같은 결과는 미국이 주도하는 세계 질서가 반영된

냉엄한 현실로 보아야 하며, 이를 냉정하게 잘 파악하는 것이 한국의 외교안보 전략을 수립하는 데 매우 중요하다는 점에 초점을 맞춰야 한다.

1945년 이후 미국의 대아시아 정책에서 가장 중요한 축은 미일 동맹이었다. 트럼프 대통령이 당선자 신분으로 거의 유일하게 만난 국가원수가 일본의 아베 총리였던 것도 우연으로 치부할 일은 아니다. 국무부, 국방부 등 관련 부처뿐 아니라 의회, 워싱턴을 비롯해 수많은 싱크탱크에는 막강한 지일파, 즉 '재팬 핸드'들이 포진해 있다. 국방부 부장관을 지낸 리처드 아미티지, 국방부 차관과 주일 대사를 지낸 마이클 아머코스트, 백악관 아시아 담당 선임보좌관을 지낸 마이클 그린 등 재팬 핸드로 꼽을 만한 인물은 수두룩하다. 일본 사사카와 평화재단 미국 본부 회장인 데니스 블레어는 태평양 사령관을 지내고 CIA를 비롯한 미국 내 16개 정보기관을 관장하는 미국 국가정보국DNI의 책임자였다. 이에 비해 지한파는 '코리아 핸드'라는 말은 꺼내기도 민망할 정도로 미미하다. 워싱턴에 있는 소위 한반도 전문가들은 몇 명 되지도 않거니와 과연 이들을 코리아 핸드라 볼 수 있을지도 의문이다. 이런 상황에서, 과거사와 영토 문제로 한일 간 갈등이 고조될 때면 한국인들은 왜 미국이 명확하게 한국 편에 서지 않느냐고 볼멘소리를 하지만 일본이 중요한 미국 입장에선 소극적일 수밖에 없다.

그렇다고 한국이 미국에 중요하지 않은 나라라는 것은 아니다.

미국 입장에서 볼 때 한국은 자유민주주의, 인권, 시장경제 등 주요 가치를 공유하고 있을 뿐 아니라 미국의 도움을 잘 활용해 성공 신화를 이룬 대표적인 나라로 여겨진다. 실제로 1945년 이후 미국의 원조를 받은 나라는 한두 곳이 아니지만 한국과 같은 성공 사례는 드물다. 더구나 미국이 베트남과 이라크 등에서 힘겨운 싸움을 할 때 한국은 지원군이 되었다. 이 두 전쟁에 대해서는 미국에서도, 한국에서도 논쟁이 많았고, 여기서 참전 자체의 옳고 그름에 대한 이야기를 하는 것은 무리일 것이다. 하지만 어쨌든 한국이 참전했다는 것은 역사적인 사실이며, 당시 한국의 참전은 미국에 군사적 도움을 주었을 뿐 아니라 국제사회에서 불리한 여론전을 펴던 미국의 입장에 힘을 실어주기도 했다. 이런 역사적 바탕 위에 한국과 미국은 동맹이란 말로 묶였다. 이제 소모적인 이념 논쟁을 걷어내고 실리적으로 접근할 때다. 동맹이란 재산이 있다면 이를 잘 활용하는 것이 가장 중요하지 않을까.

국제사회에서 한국의 위상이 높아지면서 한국에 대한 미국 시민들의 관심도 커지고 있다. 마음 시린 기억이지만, 내가 미국에 처음 발을 디뎠던 1980년대 초만 해도 한국은 이제 겨우 가난에서 벗어나 독재정권과 싸우고 반미를 외치는 제3세계 개발도상국의 이미지를 넘어서지 못했다. 그랬던 한국이 30년이 지나 OECD 가입국이 되고 G20 정상회담을 주최하게 됐다. 이제 한국은 경제적 파워를 넘어 소프트 파워 강국으로 비상하고 있다. 〈강남 스타일〉로 대표되는 케이팝이나 한국 드라마는 미국에서도 제법 인기를 끌고 있고, 이곳에서도 한국의 대표 음식인 불고기 정도는 알아야 문화인 행세를 할 수 있다. 한국학 연구소가 설립된 미국 대학이 17개교에 달하고 한국어 강좌를 개설한 학교는 셀 수도 없이 많다. 내가 스탠퍼드 대학에 한국학 프로그램을 만들 수 있었던 것도 한국에 대한 미국인들의 관심이 있었기에 가능했다.

그렇다면 이런 상황에서 앞으로 한국이 취해야 할 길은 자명하다. 이제 미국을 보는 시각을 더이상 '반미'냐 '친미'냐로 재단해서는 안 된다. 현존하는 세계 질서의 냉엄한 현실 속에서 미국의 위치를 파악하고 달라진, 그리고 계속 달라지고 있는 한국의 위상을 고려해 세심하게 준비한 전략을 외교·안보 면에서 잘 활용해야 한다. 더이상 과도하게 분노하며 미국을 배척할 일도, 그렇다고 무비판적으로 예찬할 일도 아니라는 뜻이다. 이렇게 당연한 듯한 말을 다시 하는 이유는 여전히 한국 곳곳에서 낡은 이념적 잣대로 미국에 대한 입장을 마치 사상 검증하듯 재단해버리는 일이 반복되고 있기 때문이다. 지금 이 시대에 반미 대 친미 프레임이 가능하기나 할까? 그 프레임 자체가 너무 낡았다. 그런 경직된 프레임으로는 끝없이 변하는 정세 속에서 유연하게 대처할 수 없다.

03 팍스 아메리카나, 아메리카 퍼스트

미국은 세계 경찰을 '자임'한다. 그 역할을 맡아달라고 누구도 부탁한 적 없지만 내가 만나본 미국 엘리트들은 자신들이 세계 질서를 리드하고 유지한다는 자부심과 일종의 사명감마저 갖고 있었다. 미국의 이런 태도는 패권주의나 제국주의적 발상으로 비치기도 한다. 거의 모든 범지구적 이슈에 적극적으로 관여하려는 그들의 태도는 때로는 선한 결과로, 때로는 논쟁을 일으키는 결과로 나타난다. 미국은 세계적으로 경제 원조나 자원봉사에도 열심이지만 동시에 때로는 무력 행사도 주저하지 않는다. 세계은행, IMF 등의 국제기구나 평화봉사단, 풀브라이트 재단과 같은 비정부 기구도 소위 '팍스 아메리카나'를 유지하는 데 중요한 수단이다. 하지만 이라크 전쟁과 같은 '글로벌 테러'와의 싸움도 마다하지 않는다. 지난 100여 년 동안 35차례 크고 작은 전쟁에 가담한 미국은 인류 역사상 가장 많은 전쟁을 치른 나라로 기록될 것이다. 팍스 아메리카나는 팍스 로마나나 팍스 브리태니카보다 더욱 강력해 보인다.

2001년 9월 11일, 테러리스트들의 공격으로 수천 명의 목숨이 희생되었을 때 미국인들은 말 그대로 엄청난 충격을 받았다. 지금도 그날을 생생히 기억한다. 아침 뉴스에서 뉴욕 세계무역센터가 화염에 휩싸이는 모습을 보면서 혹시 영화를 보고 있는 것 아닌지 내 눈을 의심했다. 그동안 미국이 크고 작은 전쟁을 수행하면서 많은 자국민이 희생되었지만 그건 모두 미국 본토가 아닌 다른 곳에서 일어난 일이었다(미영 전쟁은 독립 전의 일이었고 일본의 진주만 공격이 있긴 하지만 그것 역시 미국 대륙은 아니었다). 미국의 심장부인 뉴욕에서 약 3천 명의 사망자와 6천 명의 부상자를 낸 9·11테러는 엄청난 사건이었다. 한국처럼 외세의 침공을 자주 받았던 나라들은 전쟁의 참혹상과 약소국의 서러움을 잘 알지만, 한 번도 이런 경험을 해보지 않은 초강대국 미국의 시민들에게 9·11테러라는 사건은 처음 겪어보는 큰 충격이었다.

미국을 지탱하는 조금 세련된 제국주의

초강대국 미국은 분명히 패권주의적, 제국주의적 성향을 갖고 있다. 이것은 '반미 진보주의자'의 이념적인 주장이 아니라 부인할 수 없는 사실이다. 그러나 곰곰이 생각해봐야 할 것은 그러면 다른 제국주의 국가와 비교할 때 미국은 어떠한가 하는 점이다. 과거 냉전 시대의 소련은 과연 미국보다 나은 제국주의 국가였을까? 만일 미국이 아닌 중국이 21세기 세계 질서를 주도한다면 좀더 나은 대안이 될까? 팍스 시니카Pax Sinica가 팍스 아메리카나보다 나을까?

나는 아니라고 본다. 냉정하게 따져보면 그래도 미국이 구소련이나 중국보다는 세련된 제국을 운영하고 있다. 물론 세계 질서가 평등과 평화에 기반할 수 있다면 좋겠지만 현실적으로 보면 어느 나라가 초강대국이 되든 그들이 원하는 질서를 만들고 유지하려 하며, 이를 위해 물리력을 포함해 다양한 수단을 활용할 것이다. 그래도 제국을 운영하는 데 하드 파워는 물론 소프트 파워, 스마트 파워를 가장 잘 활용하는 나라는 미국이지 않은가.

일본은 미국을 넘지 못했다

내가 유학하던 1980년대엔 일본에 대한 미국 내, 아니 전 세계의 관심이 대단했다. 지난 20년간 일본은 내내 '고개 숙인' 모습을 보여왔지만 1980년대만 해도 일본어나 일본 관련 수업은 늘 학생들로 넘쳐났고 전문가들과 미디어는 일본이 곧 미국을 넘어 세계를 지배하는 팍스 자포니카Pax Japonica 시대가 올 것이라며 앞다투어 호들갑을 떨었다.

하버드 대학의 유명한 아시아 전문가 에즈라 보겔 교수가 쓴 『일등국가 일본*Japan as Number One*』은 세계적인 베스트셀러가 되었고 토요타와 혼다가 포드, GM을 앞서는 것이 당연한 일로 간주되었다. 일본 기업 사이에 '바이 아메리카Buy America' 열풍이 불어 미국의 자존심이라 불리던 뉴욕의 록펠러센터를 비롯해 대표적 영화사인 컬럼비아 픽처스, 캘리포니아 몬터레이에 있는 페블비치 골프장 등을 하나하나 사들였으며, 일본은 전 세계를 향한 무차별 로비로 '일본 붐'을 주도했다. 소니의 모리타 아키오 회장은 『노No라고 말할 수 있는 일본』이라는 공저에서 미국식 자본주의 모델은 한계에 도달했으며 전 세계가 일본의 기업 모델을 따르게 될 것이라 단언하기도 했다. 당시 심각한 대일 무역적자에 시달리던 미국에서는 반일 정서가 팽배해지면서 정부와 언론에서 '일본 때리기Japan Bashing'가 성행하기도 했다. 미국에서 제공한 '안보우산'에 의존해 발전했으면서 일본이 그 고마움도 모른 채 미국을 배려하지 않는다는 거였다.

이러한 사회경제적 상황을 반영하듯 미국 지식인 사회에서는 '미국의 쇠퇴decline of the United States'에 대한 논쟁이 치열하게 일어났다. 이제 미국의 세기는 끝나가고 있으며 21세기는 일본으로 대표되는 '태평양 세기The Pacific Century'가 될 것이라는 담론이 대세를 이루었다. 논쟁은 미국의 쇠퇴가 절대적인 것인가 아니면 상대적인 것인가에 초점이 맞추어졌을 뿐 미국의 쇠퇴는 기정사실화되었다. 예일 대학의 유명한 역사학자 폴 케네디는 그의 저서 『강대국의 흥망*Rise and Fall of the Great Powers*』에서 초강대국을 유지하는 힘은 경제적 파워와 군사적 파워인데, 미국의 경우 베트남전 등 군사적으로 너무 확장over-extension하다보니 경제적으로 감당할 수 없는 상황이 되었고, 미국은 비슷한 경로를 겪으며 쇠퇴했던 로마나 영국 등과 같은 과거 초강대국의 전철을 밟을 것으로 예측했다. MIT의 경제학 교수이자 칼럼니스트였던 레스터 서로는 『세계경제전쟁*Head to Head*』에서 미국식 자본주의와 일본식 자본주의의 특징을 자세히 비교한 뒤, 미국은 이미 세계 경제의 주도권을 잃고 있다고 결론지으며, 유럽 국가들은 이미 미국이 아닌 일본을 경쟁 상대로 지목하고 있다고 주장했다.

하지만 전문가들의 이러한 전망이 무색하게 1990년대 들어 일본은 깊은 경제 불황의 늪에 빠져들었다. 일본은 '잃어버린 10년'을 지나 2000년대에도 장기적인 저성장의 불황에서 벗어나지 못했고 록펠러센터와 페블비치 골프장은 다시 미국의 손으로 돌아갔다. 일본 고도경제성장의 상징이자 일본인의 자존심이던 소니는 삼성, LG 등 한국 기업에도 밀리는 신세가 되었다. 차고 넘치던 대학 내 일본학 강좌는 텅 비었다. 강력한 라이벌이던 소련 연방마저 붕괴하면서 오히려 미국은 더욱 강력한 세계 유일의 초강대국으로 우뚝 섰다.

중국도 미국을 쉽사리 넘지 못할 것이다

지금 미국을 비롯한 세계 곳곳에서 중국에 대한 관심이 대단하다. 1980년대 미국에서 느꼈던 일본에 대한 열기와 너무나 흡사해 놀라곤 한다. 중국에 관한 세미나, 회의, 책이 넘쳐나며 대학에선 중국어나 중국을 배우려는 학생들로 강의실이 넘친다. 캘리포니아 부동산 시장에선 중국인들이 큰손이며 미국의 명품점들은 중국인 쇼핑객들을 응대하기 위해 아예 중국인 직원을 두기도 한다. 중국은 이제 미국과 함께 G2로 불리며, 전체 경제 규모 면에서는 중국이 이미 미국을 넘어섰다는 통계도 있다. 중국식 거버넌스가 미국식 거버넌스보다 효율적이란 주장도 나오고 있다. 2008년에 월스트리트발 글로벌 경제위기가 닥쳤을 때는 미국이 조만간 중국에 글로벌 경제의 리더 자리를 내줄 것이란 예측이 성행했다. 이러한 위기감을 반영하듯 워싱턴을 중심으로 미국에서는 '중국 위협론China threat'이 힘을 얻고 있다. 30년 전 일본 때리기와 너무도 유사한 양상이다.

과연 21세기는 팍스 시니카의 시대가 될 것인가? 중국이 미국을 제치고 세계 질서를 주도할 것인가? 결론부터 이야기하면 적어도 우리 세대에는 중국이 미국을 넘어서지 못할 것이다.

우선 중국은 내·외부적으로 너무나 많은 문제와 도전에 봉착해 있다. 고성장 과정에서 쌓인 경제적 거품은 물론 국내 정치·사회적으로도 해결해야 할 난제가 너무 많다. 시진핑 주석이 주도하고 있는 반부패 캠페인은 한국식으로 말하면 일종의 사정司正 정국이다. 강도 높게 진행되는 반부패 운동은 그만큼 중국 사회 전반에 부패가 만연해 있다는 방증이다. 중국의 부패 수준은 상상을 초월한다. 뇌물 액수가 무려 조 단위다. 반부패 캠페인은 당연하게 국민들의 지지를 받고 있다. 그러나 이런 운동이 단기적으로는 전시 효과를 낼지 모르지만 근본적인 제도 개혁 없이는 성공하기 어려운데, 과연 시진핑 주석이 읍참마속의 심정으로 자신의 살을 도려내면서까지 개혁을 단행할지는 미지수다. 또한 사회적 불평등의 급속한 심화와 티베트 등 소수민족 문제, 파룬궁falungong 등 종교 문제, 그리고 남중국해를 둘러싼 주변 국가와의 갈등 등 해결해야 할 과제가 너무 많다. 아직도 중국에서 3T, 즉 타이완, 티베트, 톈안먼 문제를 거론하는 것은 금기다. 2만 2천 킬로미터에 달하는 국경을 14개국과 마주하고 있는 중국은 주변국과의 갈등이 심해지면 '왕따'를 당할지도 모른다. 중국이 이러한 난제를 단기간에 해결하고 미국을 넘어서리라 기대하긴 어렵다.

더욱 중요한 것은 중국은 다른 나라들이 닮고 싶어하는 롤모델이 아니라는 점이다. 중국이 지난 30년 동안 경제적으로 엄청난 발전을 했고 기회의 나라이긴 하지만, 아직 중국은 세련된 모방을 하는 것이지 창조나 혁신의 리더는 아니다. 샤오미나 화웨이가 애플을 대체할 수 있을까? 알리바바나 바이두도 엄청난 국내 시장 덕에 급성장했지만 아마존이나 구글을 벤치마킹한 것이지 이를 뛰어넘는 새로운 기술적 혁신을 보여준 것은 아니다.

미국에 가장 많은 유학생을 보내는 나라가 중국이다. 인구 대비 비율로 따지자면 한국을 넘어설 곳이 없지만 2014~2015년도 기준 미국 대학에 재학중인 중국인 학생 수는 30만 명을 넘어 전체 외국인 학생의 약 31퍼센트를 차지한다. 최근엔 조기 유학생의 숫자도 급증하고 있다. 대부분 중국 엘리트들의 자녀다. 그리고 많은 인재가 졸업하면 중국으로 돌아가기보다는 미국에서 자리잡고 싶어한다.

중국 정부의 적극적인 인재 순환 노력에도 불구하고 이공계 박사 학위를 받은 중국 유학생 중 대부분이 미국에 남아서 활동하고 있다. 중국으로 돌아간 유학생들 중에도 중국의 관료주의적 사회와 업무 방식을 견디지 못해 다시 해외로 나가는 사례가 자주 눈에 띈다. 최근 중국에서 큰 뉴스가 되었던 '과학계 여신' 위엔닝顔寧 칭화대 교수가 프린스턴 대학으로 회귀한 일도 그런 사례에 속한다. 2011년 미국 대학에서 이공계 박사 학위를 받은 외국 유학생 중 3분의 2 정도가 졸업 후 미국에 남았는데, 중국의 경우 그 비율이 85퍼센트에 달해 일본(38퍼센트), 한국(42퍼센트) 등에 비해 월등한 차이로 1위를 차지했다. 미국의 진정한 힘은 영토의 광대함이나 군사력에만 있는 것이 아니라 세계 인재들을 끌어들이는 강력한 구심력에 있다. 중국이 인구나 영토 규모로는 미국을 넘어서며, 급속한 경제 발전을 이루어 기회의 땅이긴 하지만 사람들에게 선망의 대상이 되는 나라는 아니다.

팰로앨토는 미국에서도 가장 살기 좋다는 곳 중 하나다. 하지만 집값이 너무 비싸다. 비싼 집값이 실리콘밸리가 더 성장하는 데 아킬레스건이 되고 있다. 팰로앨토 중심가의 방 하나짜리 아파트가 100만 달러에 육박하니 웬만한 사람은 살기 어렵다. 이미 뉴욕의 맨해튼보다 더 비싸다는 이 지역의 집값이 최근 들어 더 오르고 있다. 지난 3, 4년 동안 거의 두 배 이상 급등했다. 과거에는 구글이나 페이스북 등 초우량 벤처 기업이 상장되면서 주식 부자가 된 실리콘밸리의 젊은이들이 집값을 올렸지만 지금은 그런 것도 아니다. 원인은 중국인들 때문이다. 중국의 내로라하는 부자들이 소위 현금 박치기로 이 지역의 집들을 사들이고 자녀들을 학군 좋은 이 지역 학교에 보내려 하기 때문이다. 오죽하면 중국 정부가 자국민의 외환 반출을 금지하기에 이르렀을까.

중국이 미국을 넘어 세계 질서를 주도할 거란 전망에 설득력이 있으려면 반대 현상이 일어나야 하지 않을까. 즉, 중국의 엘리트들이 미국으로 밀려드는 것이 아니라 미국의 엘리트들이 중국으로 몰려가야 팍스 시니카의 도래를 예단이나마 해볼 수 있을 것이다. 과연 이러한 현상이 20, 30년 안에 일어날까? 나는 절대 그렇지 않으리라 확신한다. 적어도 우리가 살아가는 동안은 미국이 초강대국으로서의 지위를 유지할 것이다. 어떤 바람도 당위도 없이 그저 건조하게 예측하면 말이다.

미국이 21세기에도 세계 질서를 주도한다면 한국에도 미국의 중요성이 결코 줄어들지 않을 것이다. 트럼프의 좌충우돌식 외교가 우려되고 팍스 아메리카나의 쇠퇴를 가져올 것이란 견해도 있지만 트럼프주의는 오래가지 못할 것이다. 물론 트럼프는 포퓰리즘에 기반한 정책을 추구할 것이다. 군사적 팽창과 신자유주의적 글로벌화 속에서 어려움에 처한 자국 민심을 달래기 위해서다. 동맹국의 방위금 인상과 자유무역협정FTA 재협상 요구 등도 그런 맥락에서 나왔다. 그러나 미국이 갖고 있는 민주주의 제도의 힘은 트럼프로 대변되는 포퓰리즘을 제압할 것이다. 트럼프가 추진한 이슬람 국가 7개국에 대한 여행 금지안이 잇따라 법원의 거부로 좌초된 사례가 이를 뒷받침한다.

그렇기 때문에 조만간 팍스 시니카가 팍스 아메리카나를 대체할 것이라고 섣불리 예견하는 일은 위험하다. 그러니 미국과 중국 사이에서 일종의 등거리 외교를 해야 한다는 주장은 결코 현실적이지 않을뿐더러 매우 위험한 발상이다. 한국처럼 미국과 군사동맹과 FTA로 두터운 관계를 맺고 있는 나라는 이스라엘, 캐나다, 호주 등 몇 나라뿐이다. 미국이 영원한 우방은 될 수 없다 해도 한국에 여전히 중요한 나라임에는 틀림없다. 그렇기에 동맹 관계는 소중하게 지켜야 할 자산이다.

04 무심한 쪽과 쿨할 수 없는 쪽

노무현 정부 초기 한미 관계는 이전과 다른 양상을 보였다. 후보 시절, 미국을 자극했던 노무현은 대통령이 되어서도 미국에 비판적인 발언을 이어갔다. 노무현은 대선 후보 TV 토론 당시 "소파SOFA라든지 한미 관계가 잘못되어 있는 것은 우리 외교가 일방적으로 미국을 추종하고 비판 없는 외교를 펼쳤기 때문"이라는 발언으로 화제를 남겼다. 또한 2005년 한 재외동포 간담회에서는 "국민들 중 미국 사람보다 더 친미적인 사고방식을 갖고 얘기하는 사람들이 나는 걱정스럽고 제일 힘들다"고 토로하기도 했다.

미국은 이런 노무현 정부의 이념적 정체성을 의심했다. 급기야 미국에서는 "한미 동맹은 상황이 더 악화되기 전에 우호적으로 이혼할 때가 되었다"는 전문가들의 평가가, 한국에서는 이참에 종속적인 한미 관계에서 벗어나 자주 국방과 외교를 하자는 주장이 나왔다.

노무현 정부의 대표적 외교 전략이었던 '동북아 균형자론'도 미국에서는 한국이 한미 동맹의 틀에서 나와 미중 간 등거리 외교를 하겠다는 것으로 인식되었다.

사실 2001년 초 부시 행정부가 들어서면서 한미 관계가 험로에 진입하리란 전망은 예견돼 있었다. 전임 클린턴 행정부와 김대중 정부는 북핵 공조 등 주요 안보 사안에 긴밀한 협력을 과시했으나 부시 행정부는 클린턴 행정부의 정책을 깡그리 무시하는 소위 ABCAnything But Clinton 방식을 택했다. 클린턴 행정부가 지지했던 김대중 정부의 대북 포용 정책도 이에 포함되었다. 워싱턴의 심상치 않은 분위기를 감지한 한국은 2001년 3월에 김대중 대통령이 급히 미국을 방문해 갓 취임한 부시 대통령과 정상회담을 하면서 대북 포용 정책 등을 설득했지만 무위로 끝나 한미 공조는 균열을 보이기 시작했다.

한미 동맹의 균열은 노무현 정부가 들어서면서 더욱 심화되었다. 미국의 네오콘과 한국의 '86' 정치인들이 최악의 궁합을 이루며 한미 관계는 이전과 다른 새로운 국면으로 접어든 듯했다.

힘의 불균형을 상쇄할 수 있는 것

더구나 미국은 2001년 9월 테러 사건 이후 국가 안보 면에서 매우 신경이 곤두선 특별한 시기였던 만큼 정치적으로 여유가 없었다. 한국과 미국의 전문가들은 대부분 한미 양국의 대북 정책의 차이가 한미 동맹에 균열을 가져왔다는 데 동의했지만, 이에 대한 책임을 서로의 탓으로 돌렸다. 마음이 착잡했다. 그래서 내가 할 수 있는 일이 있다면 하기로 마음먹었다. 한미 관계에 관한 세미나와 회의를 열어 서로 대화할 기회를 자주 만들고, 워싱턴과 서울을 방문하며 서로의 이해를 돕는 데 가교 역할을 하면서 나름대로 열심히 민간외교를 했다.

나의 생각은 이랬다. 과거엔 한국이 한미 동맹을 주로 미국의 시각에서 보고 이를 따랐지만 이젠 상황이 바뀌어 한국 나름의 시각을 갖게 되었으므로, 한미 관계가 더욱 성숙하려면 앞으로 서로의 시각을 존중해야 한다. 그러자면 일단 서로가 서로를 어떻게 바라보는지부터 알아야 했다. 이런 고민의 연장선에서 집필한 책이 『하나의 동맹 두 개의 렌즈: 새 시대의 한미 관계*One Alliance, Two Lenses*』다.

연구 결과를 거칠게나마 요약하자면 다음과 같다. "한국이 미국을 주목하는 것만큼 미국은 한국에 관심이 있지 않다." 연구 자료로 삼은 것은 양국의 주요 언론매체였다. 한국의 조선일보와 한겨레에 실린 미국 관련 사설·칼럼 및 북한 관련 사설·칼럼, 미국의 뉴욕타임스와 워싱턴 포스트, 월스트리트저널 등에 게재된 한반도 관련 기사(사설·칼럼 포함) 등 약 8천 건을 분석했다. 결과적으로 한·미 관계 관련 기사는 숫자 면에서 미국 기사가 한국 기사의 4분의 1에 불과하고, 특히 사설과 칼럼은 한국 신문의 2퍼센트에 불과해 일종의 '주목의 비대칭성asymmetry of attention'이 존재했다. 한국인들에겐 실망스럽게 느껴질지 몰라도 미국 신문에 실린 한국 관련 기사의 양은 스위스나 아르헨티나, 파키스탄, 인도네시아 수준과 비슷했다. 한국이 미국의 군사 동맹국이고 여섯번째 교역국임을 고려할 때, 한국에 관한 미국 언론의 관심은 상대적으로 매우 적은 편이었다. 게다가 미국 신문에 나타난 한국에 대한 관심은 한미 관계보다는 한국의 경제나 무역 관련 뉴스에 치우쳐 있었고, 북한의 대량살상무기 관련 기사가 남북한 전체 기사의 3분의 1, 북한 관련 기사의 3분의 2를 차지하는 것으로 나타났다. 또한 한국에서는 사설·칼럼 등을 통해 한미 관계의 현재와 미래에 관해 치열한 논쟁들이 일어난 반면 미국에선 그러한 현상을 거의 찾아볼 수 없었다.

지금도 마찬가지다. 사드 논란이 가열되며 정점으로 치닫던 2016년 하반기(7월 1일부터 12월 31일까지) 동안 뉴욕타임스, 워싱턴포스트, 월스트리트저널은 각기 60건, 15건, 27건의 한국 사드 배치 관련 기사를 게재했는데, 그중 사설·칼럼opinion page의 수는 각각 0건, 3건, 6건에 그쳤다. 같은 기간 한국 언론에서 매일 홍수처럼 쏟아져나오던 사드 관련 기사들(동아일보 1,017건, 한겨레 1,394건,

조선일보 1,515건)에 비해 터무니없이 적다.

주목의 비대칭성이 존재하는 것은 한미 양국의 안보에서 한미 동맹이 차지하는 비중의 차이에서 비롯되는 자연스러운 현상이며, 이는 동맹을 바라보는 시각lens의 차이를 가져올 수밖에 없다. 이는 힘의 비대칭성asymmetry of power에서 비롯된 어쩔 수 없는 현실적인 문제다.

정말 우려스러운 것은 동맹을 바라보는 한국의 시각은 분열돼 있고, 미국의 시각은 명료하지 못하다는 데 있다. 최근 사드 배치 문제에서 보듯이 한국은 보수와 진보로 나뉘어 주요 안보 사안에 대해 좀처럼 국민적 합의를 이끌어내지 못하고 있고, 미국은 사드나 대북 정책에 관한 트럼프의 혼란스러운 발언에서 볼 수 있듯이 종종 일관성을 잃은 한반도 정책으로 혼란을 초래하고 있다.

한 가지 흥미롭고도 중요한 점은 '주목의 비대칭성'에서의 우위가 '힘의 비대칭성'에서의 열세를 어느 정도 상쇄할 수 있다는 것이다. 한국이 미국에 비해 경제력·군사력 면에서 압도적인 열세임에도 협상 국면에서 일정한 '레버리지'를 쥘 수 있는 것도 주목의 비대칭성 면에서 우세하기 때문이다. 실제로 2002년 미군에 의한 여중생 사망 사건이나 소고기 수입을 둘러싼 광우병 문제가 불거졌을 때 미국의 사과와 양보를 이끌어낸 것은 한국 언론의 지대한 관심과 시민들의 시위였다. 이 사건에 대한 한국에서의 열기는 몹시 뜨거웠다. 이와 대조적으로, 미국 언론에서는 그러한 이슈를 거의 다루지 않았다. 여중생 사망의 경우 사건이 일어난 2002년 6월 13일부터 부시 대통령이 공식 사과를 한 11월 28일까지 한국과 미국 언론의 보도를 비교해보면, 한겨레와 조선일보에는 '미군에 의한 여중생 사망'에 관한 기사가 각각 91건, 106건 실린 데 비해 뉴욕타임스에는 6건, 워싱턴포스트에는 2건 실렸고, 월스트리트저널에는 아예 아무런 기사도 실리지 않았다. 처음에 미국은 여중생 사망 사건을 단순한 실수에 의한 사고로 여겼지만 사건 발생 이후 거의 6개월이 지난 시점에 부시 대통령이 마지못해 공식 사과를 했다. 대미 관계에서 힘의 열세에도 불구하고 한국 언론과 시민의 적극적인 '주목'이 한미 동맹을 이슈화·정치화함으로써 미국과의 협상을 한국에 유리하게 이끌었다는 점을 강조하고 싶다.

역설적이지만 미국에 비판적인 입장으로 출발했던 노무현 정부는 한미 동맹을 공고히 하는 데 큰 기여를 했다. 노대통령은 지지층의 반대에도 불구하고 이라크 파병과 한미 FTA 타결 등 주요 현안을 해결했는데, 아마도 보수 정부였다면 시행하기 어려웠을 것이다. 미국 역시 역설적이지만 그러한 계기들을 통해 한국이 이제 더 이상 가난하고 힘없는 나라가 아니라 강하게 목소리를 내는 국가임을 새롭게 인식하고 한국의 입장을 더욱 존중하게 되었다. 노무현 정부를 이어받은 이명박 대통령과 부시 대통령은 역대 대통령과 정부 중 가장 좋은 한미 관계를 유지했다고 평가된다. 하지만 그 이면에는 한미 동맹에서 미국만 따라가지 않고 한국의 시각을 미국에 인식시킨 노무현 정부의 공로도 있음을 인정해야 할 것이다.

트럼프의 외교적 고립주의, 하지만 겁먹지 말자

미국 정치의 이단아라고 불리던 도널드 트럼프의 대통령 당선은 미국은 물론 한국을 비롯한 세계 여러 나라에 큰 충격을 주었다. '브렉시트'나 트럼프의 외교적 고립주의는 일시적인 현상이 아니라 한동안 지속될 것이며 『이코노미스트』지의 우려처럼 세계는 민족주의자들의 리그로 둔갑할지도 모른다. 거칠게 분석하자면, 폐쇄적 민족주의나 포퓰리즘은 정치 대중의 '불만'에 기생한다. 유럽연합 국가들 사이에서는 독일만 이득을 보고 있다는 불만이 팽배해 있고, 이 불만이 영국민들로 하여금 브렉시트를 찬성하게 만든 요인 중 하나다. 트럼프를 대통령으로 만든 미국인들은 미국이 언제까지 자국민의 희생과 재정적자를 감수하면서 세계의 경찰 역할을 해야 하는지에 의문를 갖고 있다.

트럼프 행정부의 대외 정책은 아시아는 물론 한미 동맹과 대북 정책에도 큰 영향을 미칠 것으로 보인다. 우선 오바마 정부가 야심차게 추진했던 '아시아 회귀pivot to Asia' 정책은 폐기되거나 대폭 수정될 것이며 환태평양경제동반자협정TPP은 미국이 더이상 참여하지 않겠다는 트럼프의 선언으로 폐기될 위험에 처해 있다. 대선 기간 동안 공언했던 한국과 일본 등 주요 동맹국의 방위금 분담 증액도 어떤 형태로든 요청할 것으로 보이며, 한미 FTA 재협상 문제를 꺼낸 것도 같은 맥락으로 이해할 수 있다. 미국 내 전문가나 정책 그룹에선 한미 동맹, 한미 FTA 모두 양국에 도움이 된다고 생각하지만, 트럼프를 지지했던 백인 블루칼라들은 생각이 다르다. 트럼프 대통령으로선 이러한 정서를 무시하기 어려울 것이다.

대북 정책에서는 오바마 정부의 '전략적 인내'를 계승할 가능성이 거의 없으며 구체적인 방향은 아직 오리무중이다. '최대 압박과 최대 관여maximum pressure, maximum engagement'를 하겠다고 하지만 이 말은 곧 더 강경한 정책을 추진할 수도, 반대로 인게이지먼트를 강화할 수도 있다는 뜻이기에 정책의 방향성은 더욱 애매모호하기만 하다. 대선 기간에 김정은과 햄버거를 먹으며 협상하겠다는 발언도 했지만 최근엔 북한이 '화염과 분노'를 보게 될 것이라는 강경 발언도 서슴지 않아 두 가지 가능성 모두 열려 있다고 봐야 한다. 대통령 본인은 물론 주요 외교안보 참모들이 전통적인 공화당 주류가 아니고 워싱턴의 '아웃사이더'이기 때문에 아시아 정책이나 한반도 정책을 예측하기가 쉽지 않다.

트럼프 행정부의 등장으로 미국의 대 한반도 정책의 불확실성이 커진 것은 분명하다. 트럼프 정부의 외교 정책은 깊이 있는 철학이나 원칙보다는 대통령 개인의 성향과 견해에 상당 부분 의존하고 있으며, 취임 6개월이 지날 때까지 국무부와 국방부의 실무 책임자인 아태 담당 차관보도 임명되지 않았고, 주한 미국 대사는 몇 달째 공석이다. 트럼프처럼 대통령이 직접 나서서 소셜미디어에 주요 외교안보 사안에 대한 의견을 쏟아낸 경우는 미국 역사상 없었고 정부 출범 후 주요 보직이 이처럼 오래 공석이었던 전례도 없다. 트럼프가 야심 차게 내걸었던 의료, 이민 등 국내 정책은 추진이 지지부진하고, 러시아와의 내통 의혹으로 탄핵론까지 불거졌다. 트럼프가 국내에서 직면한 어려움을 타개하려 외부로 관심을 돌릴 경우 외교안보의 불확실성은 더욱 커질 것이다.

하지만 그렇다고 해서 한국이 일희일비하거나 지레 겁먹을 필요는 없다. 대신 원칙을 가지고 차분하게 한국의 시각을 이해시키려는 노력을 기울여야 한다. 돌고래 외교의 당당한 마인드가 더욱 절실한 때다.

05 중국식 공산주의와 거버넌스

중국에 처음 가면 왜 이곳을 공산국가라고 하는지 의아하게 생각할 수도 있다. 상점이나 식당도 다른 자본주의 사회와 별다를 바 없고 사람들도 자유롭게 활보하며 누구나 하고 싶은 대로 행동하는 듯하다. 유럽 명품 브랜드 숍과 고급 자동차가 즐비한 상하이는 세계 어느 도시 못지않게 화려한 코스모폴리스다. 중국인은 한국인에 비해 명분보다 실리를 중요시하며 가장 상업적이고 자본주의적인 곳이 중국이라는 말도 있다.

하지만 호텔로 돌아가서 구글 검색을 시도하거나 지메일, 페이스북 계정에 로그인하려 하다보면 "아, 여기가 중국 맞구나" 실감하게 된다. 경제활동 등 일상생활에는 별 제약이 없지만 언론의 자유나 정치적 자유는 여전히 제한되고 통제되는 나라가 중국이다. 또한 중국의 정치적 리더십은 자유민주국가처럼 공정한 자유선거를 거치지는 않지만, 예측 가능한 집단주의적 체제로 비교적 잘 제도화되어 있다. 중국식 거버넌스가 미국을 비롯한 서구의 거버넌스보다 훨씬 효율적이라는 주장도 있다. 키쇼어 마부바니 전 유엔 주재 싱가포르 대사는 "아시아식 자본주의는 자유시장의 '보이지 않는 손'이 좋은 거버넌스의 '보이는 손'에 의해 균형 잡히는 우월한 체제"라고 주장했다. 자유민주주의 체제의 승리를 선언했던 프랜시스 후쿠야마조차 『정치질서의 기원』(2013)에서 중국 체제의 거버넌스 능력을 높이 평가했다.

반제국주의 혁명의 기수

독일의 사상가 카를 마르크스는 당시 가장 앞서 있던 영국의 산업혁명을 보면서 자본주의의 발전과 모순을 체험했고 이를 바탕으로 프롤레타리아 혁명을 주창했다. 하지만 그의 예측과 달리 공산혁명은 영국이 아닌 러시아에서 처음 일어났으며 그후에도 공산혁명은 선진 자본주의국가가 아닌 후진 개발국가에서 잇따라 일어났다. 서구 열강이 제국주의의 리더이던 시절, 공산주의가 반제국주의, 반식민지 혁명의 새로운 기수로 각광받았던 것은 어쩌면 당연한 일일 것이다. 그중에서도 공산주의를 내재화하여 소위 제3세계의 반제국주의 혁명의 기수로 등장한 인물이 중국의 마오쩌둥이다.

마오는 혁명의 주체를 노동자가 아닌 농민으로 보았으며 공산혁명을 반제국주의적 민족주의와 결합시켰다. 산업화가 아직 많이 이뤄지지 않은 중국과 같은 농업국가에서 프롤레타리아 혁명을 실현하기에는 현실적으로 어려움이 많았고, 혁명 주체가 누구인가를 놓고 국제 공산주의 기구인 코민테른에서도 논쟁이 있었다. 마오는 농민을 정치적으로 수동적인 존재가 아닌 사회 변혁의 중요한 일원으로 보았고, 그러한 통찰력은 농업국가였던 중국에서 공산주의 혁명을 성공시키는 데 결정적인 역할을 했다. 더 나아가 일본 제국주의의 반半식민지로 전락한 중국에서 반反제국주의적 민족주의를 혁명의 중요한 에너지로 활용한 것도 마오였다. 원래 마르크스를 비롯한 주류 공산주의 이론에서 민족주의는 단순히 자본가 계급의 이익을 대변하는 사상으로 격하되었다. 하지만 마오는 중국의 공산혁명을 반제국주의적 민족주의와 결합시키면서 대중의 지지를 얻는 데 성공했다.

마오의 민족주의적 공산혁명론은 베트남이나 북한의 공산주의 체제 건설에도 큰 영향을 주었으며 호치민이나 김일성이 반제국주의·반식민주의적 민족주의를 강조한 것도 이러한 맥락에서 이해할 수 있다. 그들의 입장에서 보면 중국, 베트남, 한반도 모두 민족해방전을 치른 것이며, 특히 분단국가였던 북베트남과 북한은 미국을 상대로 반제국주의 전쟁을 수행한 것이다. 그래서 중국, 베트남, 북한은 서로의 반제국주의전 민족해방전을 지원했으며 중국과 북한이 혈맹 관계라고 한 것도 이러한 역사적 경험에 뿌리를 두고 있다. 1945년부터 1949년까지 치러진 중국 내전 당시 조선공산당 출신 인민군은 중국공산당과 함께 싸웠으며, 중국은 6·25 때 북한의 가장 든든한 지원군이었다. 1989년 이후 소련의 몰락과 함께 소련의 지원으로 성립된 대부분의 동유럽 공산국가는 붕괴했지만 중국, 베트남, 북한 등이 생존할 수 있었던 것도 단순히 소련의 위성국가로서가 아니라 혁명과 전쟁을 치르며 성립된 아시아적 공산주의의 기원과 관계가 있다.

1949년, 내전에서 승리한 마오는 장제스의 국민당 정부를 대만으로 몰아내며 중국식 공산주의 체제를 더욱 공고히 했고, 더 나아가 미국 주도의 자본주의 체제에서 탈퇴했다. 1960년대에는 개방을 추구한 흐루쇼프의 정책을 수정주의로 비판하면서 공산주의의 맹주였던 소련과도 거리를 두었다. 마오는 1950년대 대약진운동과 1960년대 문화혁명을 이끌며 중국 사회를 급격하게 변화시켰고, 미국과 소련의 영향력 밖에 있던 소위 제3세계 비동맹 국가의 리더가 되었으나, 개인 숭배를 조장하는 등 지나친 권력 강화로 말년에는 과거 중국 황제와 다를 바 없이 되었다. 더구나 대약진운동 등 정책의 실패로 경제는 피폐해지고 문화혁명으로 지식인을 비롯한 엘리트들이 대거 숙청되면서 중국은 일본, 한국, 대만 등 경제발전에 몰두하던 이웃 나라와 정반대의 길을 갔다. 장이모 감독의 영화 〈인생〉은 일본과의 전쟁, 내전, 대약진운동, 문화혁명으로 점철된 격동의 시대에 평범한 중국인들이 겪었던 고난과 희생의 모습을 생생하게 보여준다. 유학 시절 만난 또래 중국 유학생들을 봐도 대부분 문화혁명 시기에 부모와 떨어져 시골에 가서 노동을 하면서 사춘기를 보낸 힘든 경험을 가지고 있었다.

개혁 개방과 효율적 거버넌스

마오 시대가 지나고 덩샤오핑 시대에 들어서면서 중국은 마침내 경제적 빈곤과 국제적 고립의 긴 터널을 지나 새롭게 부상하게 된다. 문화혁명 당시 숙청되었다가 재기한 덩샤오핑은 "검은 고양이든 하얀 고양이든 쥐만 잘 잡으면 된다"는 실사구시적 논리를 앞세워 이념보다는 실용을 중시하는 개혁 개방 정책을 추진했다. 또한 문화혁명 때 약화되었던 중앙 집권적 관료제를 강화하고 해외 자본을 유치하며 수출을 장려했다. 젊은 인재를 해외에 유학 보내고 1가구 1자녀 정책을 실시하는 등 사회적으로도 많은 변화를 꾀했다. 덩샤오핑 본인의 표현을 빌리자면 '중국식 사회주의socialism with Chinese characteristics'를 통해 폐쇄적이던 중국에 일대 변혁을 일으킨 것이다. 이에 힘입어 중국은 지난 30년 동안 경제적으로 엄청난 성장을 이루었다.

동시에 덩샤오핑은 공산당 1당 독재 체제를 더욱 공고히 했으며 메이지 시대의 일본이나 박정희 시대의 한국처럼 개발독재 모델을 추구했다. 경제적으로는 개혁 개방을 내세우면서도 1989년 6월 톈안먼 광장에서 정치 개혁을 주장하던 민주화 세력은 가차없이 탄압했다.

공산국가를 비롯해 독재국가의 가장 중요한 정치적 딜레마는 권력 승계 문제다. 민주국가처럼 선거를 통한 권력 승계가 제도화되어 있지 않다보니 오랫동안 집권한 독재자가 죽으면 권력투쟁이 발생하고 정치적 불안정이 일어나기 쉽다. 중국도 마오가 지목한 후계자 화궈펑은 얼마 안 가 실각하고 덩샤오핑이 권력을 잡았으며, 북한은 아예 전근대적인 김씨 왕조 체제를 구축하고 있다. 덩은 마오와 같은 절대 권력자가 나오는 것을 막고 권력투쟁으로 인한 정치적 불안정을 줄이기 위해 예측 가능한 집단지도 체제를 구축했는데, 최고지도자는 5년제 연임으로 10년간 집권하는 관행을 만들었다. 장쩌민, 후진타오, 시진핑으로 이어지는 중국의 집단지도 체제는 일반적으로 생각하는 자유민주주의 체제는 아니지만 10년 동안 집권하면서 그사이 후계자를 미리 선정하는 시스템하에서 정치적 안정을 꾀하고 있다. 중국 학자들은 물론 서구 학계에서도 이처럼 예측 가능한 중국의 집단권력 체제가 선거로 이루어지는 서구식 민주주의보다 거버넌스 효율성 면에서는 오히려 나을 수 있다고 주장하기도 한다. 지난번 미국 대선에서 클린턴과 트럼프가 진흙탕 싸움을 하는 것을 보면서 이런 주장은 설득력을 더했다. 하지만 언제까지 현재의 개발독재 체제가 이어질지, 또 중국식 공산주의가 얼마나 지속될지는 여전히 미지수다.

06 국경에서

샌프란시스코 시내 중심가인 유니언 스퀘어를 둘러싸고 있는 고급 명품 숍들에서는 적어도 중국인 점원 한두 명씩을 두고 있다. 차이나타운에 즐비한 중식 맛집들엔 까만 머리 동양인들뿐 아니라 노랑머리의 노부부부터 흑인 어린이들까지 그야말로 다양한 사람들이 모여든다. 예약도 받지 않는 허름한 만두집이라고 다르지 않다. 세계 어디를 가도 중국 식당이 없는 곳이 없다지만, 요즘은 중국 식당이 단순히 가성비 좋게 한 끼 때우는 곳이 아니라 일부러 찾아가 줄 서서 기다려 먹는 곳이 되었다. 샌프란시스코 베이 지역에 처음으로 문을 연 한 유명 딤섬 체인점은 오픈한 지 1년도 한참 넘었지만 한 시간 이상 기다려야 자리를 잡을 정도로 그 인기가 식을 줄 모른다. 이러한 광경들은 이제 샌프란시스코의 평범한 일상이 되었다.

화교의 힘과 대중화권

중국의 힘의 원천은 영토와 인구 규모, 경제력뿐만이 아니다. 해외 전역에 흩어져 있는 화교도 엄청난 인적 자산이다. 디아스포라 하면 보통 유대인과 중국인을 대표적으로 꼽는데 숫자 면에선 중국이 단연 앞선다. 중국 내 인구가 약 14억 명이라고 한다면 해외에 있는 중국인의 숫자는 대략 4천만 명으로 집계되고 있다. 남한의 인구와 맞먹는 엄청난 숫자다. 일찍이 자리잡았던 동남아시아를 비롯해 미국, 유럽, 호주, 남미 등 세계 곳곳 화교가 없는 곳이 없다. 미국을 비롯해 한국과 일본으로 유학생을 가장 많이 보내는 나라가 중국이고, 지구상 어디를 가도 중국 식당은 어렵지 않게 찾을 수 있다.

해외에 있는 화교들은 거주국뿐 아니라 중국 본토의 경제 발전에도 매우 중요한 역할을 했다. 덩샤오핑이 1980년대에 개혁 개방 정책을 펴면서 해외 자본을 유치하려 애쓸 때 이들은 본국을 위해 기꺼이 지갑을 열었고, 실제로 이때 중국 경제에 가장 큰 공헌을 한 것은 홍콩, 대만을 비롯해 해외에 있던 중국계 자본이었다. 1979년부터 1993년까지 중국에 투자한 해외 자본을 보면 홍콩 69.1퍼센트, 대만 9.3퍼센트, 마카오 2.8퍼센트로 중국계 자본이 80퍼센트에 달했고 미국과 일본으로부터 투자된 비율은 각각 5.4퍼센트, 4.8퍼센트 수준에 불과했다. 즉 개방 초기에 유입된 해외 중국계 자본이 없었더라면 중국이 지금과 같은 경제성장을 이루기 어려웠을 것이라는 의미다.

덩샤오핑의 중국은 여기서 한발 더 나아가 홍콩과 대만, 그리고 아시아 지역에 흩어져 있는 화교를 중심으로 다국적 경제 네트워크를 만들었다. 이를 토대로 대중화권Greater China 형성이라는 큰 그림을 그렸으며 이 프레임 속에서 홍콩, 마카오와의 통합도 무리 없이 진행할 수 있었다. 오랫동안 영국의 식민지였던 홍콩은 중국과 이미 매우 다른 정치 경제 체제를 갖고 있다는 점을 존중해 1997년 중국으로 편입된 이후에도 홍콩이 많은 자율성을 가질 수 있게 했다.

대만과는 여전히 정치적 갈등을 겪고 있지만 대만 상장기업의 80퍼센트가 중국에 진출해 있으며 중국, 홍콩, 대만의 주식시장에서 거래되는 그레이터 차이나 펀드Greater China Fund도 생겼다. 차이잉원 정권이 들어서면서 중국과 대만의 교류가 다소 침체기를 겪고 있기는 하지만, 한때 중국과 대만 양쪽을 오가는 관광객이 연 700만 명을 웃돌기도 했다. 베이징에서 타이페이로, 타이페이에서 상하이로 가는 비행기를 탄 적이 있는데 적대적인 나라로 간다는 느낌을 전혀 받지 못했다. 중국과 대만 간 교류는 통일 이전 동서독 간의 교류를 상회한다. 심각한 대치 상황에 있는 한반도와는 매우 다르다.

나아가 중국은 우수한 인재를 해외에 많이 내보내, 중국 디아스포라 커뮤니티에는 뛰어난 실력과 국제적 네트워크를 보유한 이들이 많아지고 있다. 미국에서만 현재 30만 명 넘는 중국 학생이 공부하고 있는데, 특히 이공계 분야 학생이 많고 그중 상당수가 졸업 후에도 미국에 남아 일하고 있다. 이들은 중국 디아스포라 커뮤니티의 인력을 고급화하고 있으며 본국으로 돌아가지 않더라도 여러 방면에서 중국에 큰 공헌을 하고 있다. 스탠퍼드의 이추이Yi Cui 교수나 제난 바오Zhenan Bao 교수 등은 학계뿐 아니라 기술산업 현장에서도 활발한 활동을 펼치며 미국 내 중국 과학 인재들의 입지를 다지고 있다.

대중화권 모델이 우리에게 주는 의미

사회, 경제, 문화를 매개로 한 중국의 대중화권 통합 방식은 아직도 분단된 채 긴장 관계에서 벗어나지 못하고 있는 한국이 참고할 만한 면이 많다.

이젠 한국도 한반도 평화와 통일 문제에 접근할 때 좀더 창의적이고 새로운 시각을 고려할 필요가 있다. 같은 민족이기 때문에 언젠가는 통일을 해야 한다는 당위론적 차원이나, 1945년 분단 이전으로 돌아가는 정치·군사적 통합이라는 단선적 사고에 머물러서는 안 된다. 그런 점에서 사회 경제적 통합을 시작으로 점진적으로 통일을 향해 가고 있는 중국식 모델은 우리에게 중요한 시사점을 준다. 즉 남북 간 물리적인 재결합을 위한 노력은 계속하되, 좀더 시간이 걸리더라도 중국처럼 큰 틀 속에서 통일을 담아내는 방식도 생각해보아야 한다는 뜻이다. 이미 중국의 동북 3성을 중심으로 극동 러시아, 몽골 등 한반도 주변 지역은 상호 교류가 원활히 이뤄지고 있을 뿐 아니라 북한과도 밀접한 관계를 맺고 있으므로 한국이 좀 더 주도권을 갖고 이 지역의 경제 네트워크를 만들어낸다면 가능한 일이다. 더 나아가 이러한 통일 방식은 한반도 평화를 도모하고 서로의 경제적 이득을 증진시키기 위한 점진적 협력을 강조하므로 남북 간의 급격한 물리적, 정치적 결합을 원치 않는 주변국이나 한국의 젊은 세대를 설득하는 데도 더 효과적일 것이다.

대한반도권으로 평화를 만들자

압록강이 바라보이는 단둥에서 나는 갓 잡은 북한산 회를 먹었다. 북한과 수산업을 하고 있다는 한 중국 기업인은 압록강이 훤히 바라보이는 식당에서 점심으로 자신이 들여온 북한산 생선회를 대접하면서 오염되지 않은 자연산이라고 자랑했다. 그래서 그런지 그날 먹은 생선회는 이전에 어디서 먹었던 것보다 더 신선하고 맛있게 느껴졌다.

2013년 10월 랴오닝성에 있는 선양을 거쳐 북한 접경 지역인 단둥을 다녀왔다. 그동안 베이징이나 상하이는 여러 번 다녀왔지만 한반도와 가까운 동북 3성 지역을 방문한 것은 그때가 처음이었다.

랴오닝 대학이 있는 선양은 짧은 기간 청나라의 수도였던 적이 있고 이 동북 지역은 멀게는 발해와 고구려, 가깝게는 일제강점기 조선인들이 살았던, 그리고 지금도 조선족이 많이 거주하는 곳이다. 선양 공항에서 랴오닝 대학으로 가는 길에 펼쳐진 광활한 벌판은 마치 미국의 곡창지대인 중서부를 보는 듯했다. 일제강점기에 경제적으로 궁핍했던 우리 조상들이 왜 고향을 떠나 만주라 불리던 이곳으로 이주했는지 이해되었다. 선양에서 차로 네 시간 정도 걸리는 단둥은 6·25 때 미군의 폭격으로 압록강 철교가 두 동강 난 곳에 있다. 바로 그 옆에 새로 만들어진 철교는 고 김정일 위원장이 중국을 방문할 때 탔던 기차가 통과하기도 했다.

단둥에서 압록강 너머 북한 땅을 바라보며 북중 관계 전문가를 비롯해 접경 지역에서 대북 무역을 하는 중국 기업인들과 만난 일은 중요한 소득이었다. 이들과 토론하면서 2010년 북한의 천안함 폭침 이후 이명박 정부가 5·24 조치를 통해 북한에 대한 제재를 강화하고 미국, 유엔 등 국제사회 역시 강력한 경제 제재를 했음에도 불구하고 어떻게 북한의 경제가 유지되고 있는지에 대한 의문을 해소하는 데 큰 도움을 얻었다. 단둥을 방문했던 2013년 당시는 정치외교적으로 중국이 한반도 비핵화를 지지하고 유엔의 강도 높은 대북 제재에 동참하던 때였다. 심지어 김정은보다 박근혜 대통령을 먼저 초청해 환대하는 등 중국은 뭔가 바뀐 듯한 인상을 주었고, 국내에서도 이를 반영하듯 북중 관계에 중요한 변화가 있다는 주장이 힘을 얻고 있었다.

하지만 단둥과 같은 북한 접경 지역에 가보니 중국의 대북 정책이 중앙과 주변부의 투트랙으로 진행되고 있음을 생생히 느낄 수 있었다. 북한의 연이은 핵 실험 후 중국도 유엔과 미국을 비롯해 강도를 높여가는 국제 제재에 동참한다고는 했지만 접경 지역을 중심으로 이루어지는 북-중 간 무역은 별다른 영향을 받지 않고 있었다. 중국 중앙정부가 나서서 대북 경협을 추진하진 않더라도 유엔 제재에 영향이 닿지 않는 소규모 무역은 동북 3성을 중심으로 북한 접경 지역에서 꾸준히 진행되고 있었기 때문이다. 즉 북핵 문제 등 주요 안보 사안은 중앙정부가 미중, 한중 관계라는 큰 틀에서 다루고 대북 경제 교류는 주로 지방정부 차원에서 이루어지고 있었다. 이런 점을 간과한 채 중심만 바라보면 주변부에서 이루어지는 중요한 움직임들을 놓치기 십상이다.

단둥에 있는 황금평 경제특구도 둘러봤다. 이곳은 이성계가 회군했던 위화도에 있는데, 황금평 특구는 고 김정일 위원장이 개성공단을 모델로 야심 차게 추진하려던 프로젝트였다. 그런데 아직도 건물 몇 개만 덩그러니 있을 뿐 전혀 개발되지 않고 있었다. 당시 동행했던 대북 무역을 하는 중국 기업인들은 한결같이 황금평 특구가 성공하지 못할 것이라고 장담했다. 대북 제재 국면에서 국제사회의 눈치를 봐야 하는 중국 중앙정부는 대규모 투자를 하지 못할 것이고 국영기업의 참여도 독려할 수 없기 때문이다. 개성공단의 경우처럼 중소기업의 진출이 이루어져야 하는데 중국 정부가 보증을 서지 않는 한 기업인들 역시 위험 부담이 커 주저할 것이라고 했다. 그럼에도 불구하고 황금평에서 북한을 바라보면 물건을 가득 싣고 압록강을 넘어 중국과 북한을 오가는 화물차량을 많이 볼 수 있었다. 또 그 옆에는 북한으로 가는 새로운 다리가 건설되고 있었다.

중국이 대중화권 또는 위안화 블록이라는 커다란 경제적 프레임 속에서 움직이듯이 한국도 동북 3성, 극동 러시아, 몽골을 포함한 대한반도권Greater Korea이라는 큰 그림 속에서 북한을 품는 방식을 생각해봐야 한다. 단순한 남북경협이나 통합을 뛰어넘는 발상의 전환을 통해 한반도를 중심으로 일종의 지역 경제 공동체를 만드는 것이다. 단둥이나 블라디보스토크 등 접경 지역은 이미 한반도와 밀접한 관계를 맺고 있으며 한국어는 랴오닝 대학 학생들에게 가장 인기 있는 과목 중 하나라고 한다. 한국어를 배우면 졸업 후 취업 기회가 많아지기 때문이다. 훈춘, 나진을 중심으로 한 두만강 삼각지역은 동북아 대륙과 해양을 잇는 거대한 물류 생산 거점이자 관문으로 발전할 가능성이 크므로 북한·중국·러시아와 몽골 등이 모두 관심을 갖고 협력할 수 있다. 단둥은 이미 이러한 점을 염두에 두고 항만을 대대적으로 보수 확장하고 있었다.

대한반도권 형성이 중국 등 주변국을 자극하는 영토회복주의로 이어져서는 결코 안 되지만 경제, 사회, 문화적 교류로 한반도의 주변을 감싸는 방식은 지역 발전은 물론 한반도 평화와 통일에 주는 시사점이 매우 크다. 남북 관계가 냉각될수록 북한은 점점 중국의 동북아 경제권으로 흡수되어가고 있는데, 이럴수록 대북 경협의 다변화를 서둘러야 한다. 북한 무역의 80퍼센트 이상이 중국에 의존하고 있으며 중국 정부는 이미 동북 3성을 '일대일로'의 중요한 거점으로 지정하고 지역 개발에 박차를 가하고 있다. 한국이 한반도에서 주도권을 잃지 않으려면 남북경협과 함께 한반도와 중국의 동북지역을 묶는 새로운 경제권 형성이라는 큰 그림을 그려야 한다. 그러면 중국에 과도하게 의존하는 상황을 우려하는 북한도 관심을 가질 것이다.

07 선택의 문제가 아닌 미국과 중국 사이

중국의 부상과 함께 한국에서 눈에 띄게 유행한 담론 중 하나가 소위 미국과 중국 간의 '샌드위치론'이다. 즉 두 강대국 사이에 끼인 한국이 결국 어느 한 곳을 선택할 수밖에 없는 입장에 놓일 것이라는 우려 섞인 주장이다. 군사나 안보 면에선 미국이 여전히 중요하지만 중국의 부상, 특히 경제적인 면에서 중국의 중요성이 커짐에 따라 양자택일해야 하는 상황을 맞을 수도 있으며, 이때 '배를 갈아탈 타이밍'을 잘 찾아야 할 것이라는 목소리도 들린다. 이러한 논리는 일면 그럴듯해 보이지만 현실을 호도할 수 있는 매우 위험한 요소를 안고 있다.

샌드위치론은 출발점부터 잘못되었다

우선 샌드위치론이 성립하려면 두 나라의 힘이나 중요성이 대등한 수준에 있어야 한다. 흔히 미국과 중국을 G2로 부르지만 사실은 중국인들조차 이런 표현을 달가워하지 않는다. 2009년 말 버락 오바마 대통령이 중국을 방문했을 당시 원자바오 총리는 중국이 미국과 함께 G2로 불리는 것에 동의하지 않는다고 했다. G2란 말은 실제로 서구에서 만든 프레임으로, 중국으로선 국제사회에서의 지위 상승을 뜻하기도 하지만 그만큼 책임감을 가지라는 압박의 의미도 있기 때문이다.

또한 현재의 다층적이며 복합적인 미중 관계는 과거 정치적, 군사적으로 대립했던 미소 관계와 본질적으로 다르다. 미중 간 군사 경쟁이 있다 해도 과거 미소 간의 핵, 미사일 개발 경쟁에 비할 바는 아니다. 2016년 중국의 국방 예산은 1,928억 달러로 미국의 6,171억 달러의 3분의 1 수준이다. 중국이 새로운 무기 개발 등에도 박차를 가하고 있지만 한동안 미국을 따라잡기는 어려울 것이다. 더구나 냉전 시대가 끝난 후 지난 20년 동안 미국이 주도해온 세계 체제 속에서 가장 이득을 많이 본 나라가 중국이다. 중국은 개혁 개방 정책 이후 미국이 주도하는 자본주의 국제질서에 적극적으로 참여하면서 급속한 경제 발전을 이룩했다. 따라서 중국이 기존 국제질서 내에서 더 큰 목소리를 내고 더 큰 지분을 요구하며 욕심을 낼 수는 있어도 기존 질서에 각을 세우며 중국 주도의 새로운 체제를 만들 의도나 힘은 없다. 그러니 미국과 중국 사이에서 양자택일을 해야 한다는 전제 자체가 어불성설이다. 미국 주도의 자본주의 체제와 대립되는 공산주의 체제를 만들었던 소련이 엄존했기에 미소 사이에서 한쪽을 선택해야 했던 냉전 시기와는 근본적으로 다르다.

워싱턴의 주요 담론인 '중국 위협론' 또한 반드시 미국 전반의 시각을 대변하는 것은 아니다. 실리콘밸리에서는 중국이 위협이기보다는 기회이며, 적이 아니라 경쟁적 협력자라는 인식이 강하다. 선거 기간 동안에는 트럼프 대통령이 강력한 대중 무역 제재를 할 것처럼 보였으나 막상 트럼프가 대통령이 되고 나서, 특히 시진핑 주석과 정상회담을 한 후로는 반중국 기류가 슬그머니 사라졌다. 국제사회에서의 주도권을 두고 두 강대국 간 갈등은 어느 정도 예상할 수 있지만 두 나라는 사회·경제·문화적으로 상호 의존도가 높기 때문에 양국 간 갈등은 서로에게 큰 손실을 가져올 것임을 모두 잘 알고 있다. 미국의 주요 대학과 기업에는 중국계 인재들이 수두룩하다. 미국에는 야후 창업자인 제리 양을 비롯해 각 분야에서 리더로 활동하고 있는 중국계 미국인들이 중심이 되어 만든 '100인회'라는 모임이 있다. 이들은 본격적으로 미중 간 우호 관계를 증진시키고자 하며, 그러한 모임은 계속 늘고 있다.

한국에서는 미국의 아시아 재균형 정책을 중국에 대한 봉쇄 정책containment으로 받아들이는 경향이 강하다. 하지만 오바마 행정부가 추진했던 재균형 정책은 그동안 중동이나 아프가니스탄 등에 치중하느라 소홀했던 아시아 지역에 더욱 신경 쓰겠다는 데 근본 취지가 있다고 봐야 한다. 2013년 12월 방한했을 때 논란이 됐던 조 바이든 미국 부통령의 "미국에 반하는 베팅을 하는 것은 좋은 베팅이 아니다"라는 발언도 미국은 아직 건재하며 미국이 아시아의 중요성을 인식하고 있기 때문에 미국을 믿어도 된다는 의미지, 미국과 중국 중에서 선택하라는 이야기가 아니었다. 아직 한국 외교안보의 기본 축은 한미 동맹이다. 더욱이 명심해야 할 것은 한국이 미국과 거리를 두는 순간 중국이 인식하는 한국의 전략적 가치는 줄어들게 된다는 점이다. 이 점을 분명히 하지 않으면 샌드위치론과 같은 왜곡된 담론이 범람하게 된다.

핀란드에서 배울 것

냉전 시대 미국과 소련 사이에서 엄격한 군사적 중립을 표방했던 핀란드가 2016년 10월 미국 대통령 선거를 앞두고 미국과 방위협정을 체결하고 자국 영토에서 처음으로 미국과 가상 적군의 공습에 맞서는 연합 공군 훈련을 실시했다. 국경을 맞댄 러시아의 눈치를 보느라 북대서양조약기구NATO에도 가입하지 않았던 핀란드가 2014년 러시아의 우크라이나 침공과 크림반도 병합 이후 거세진

안보 위협에 미국의 안보우산을 선택한 것은 의미심장한 의미를 지닌다.

국제정치학 이론에서는 인접 강대국의 국가 이익에 맞춰 자국의 외교와 국내 정책까지 양보하는 약소국의 생존법을 '핀란드화 Finlandization'라고 한다. 러시아의 지배를 받았던 핀란드는 1948년 소련과 우호협력원조조약을 통해 소련의 적대국가, 즉 서방에 영토를 제공하지 않는 조건으로 정치적 자율성을 지켜왔다. 과거 조선시대의 사대주의를 연상케 하는 외교 전략이다.

조선시대 사대주의는 일제의 식민사관에 의해 평가절하되었지만, 대 강대국 외교 전략으로서 재평가받을 필요가 있다. 사대주의는 국제 질서에 적극적으로 참가해 다른 국가와의 관계를 유지하는 한편, 현실에 입각해 자국의 이익을 추구하는 실리적인 외교 정책이었다. 조선 전기에 확립된 '사대교린'은 큰 나라를 받들어 섬기고 이웃 나라와는 화평하게 지낸다는 뜻으로, 사대가 명나라에 대한 외교책이라면 교린은 여진족과 일본에 대한 외교책이었다. 이 외교 정책은 서로의 독립성을 인정한 바탕 위에 이루어진 것이지, 전적인 예속 관계에 의한 것이 아니었다. 동아시아 역사에서 숱한 나라가 중국에 흡수되었다. 몽골족이 원나라를 세웠고 만주족이 청나라를 세워 중국을 지배한 적이 있지만 결국 이들도 소위 중화사상에 흡수됐다. 반면, 여러 차례 중국의 침공을 받으면서도 조선이 500년간 왕조를 유지한 것은 사대주의적 외교 실용주의가 힘을 발한 것이라 볼 수 있다.

일본 내 한국통인 게이오 대학의 오코노기 마사오 교수는 한국 언론에 기고한 칼럼에서 사대주의의 현재적 의미를 '글로벌 스탠더드'를 열심히 따라가려는 국가 전략으로 봐야 한다는 논지를 펼치며, "고대 글로벌 스탠더드는 중국이었고 사대주의는 글로벌 스탠더드를 따라잡으려는 것이었다"고 표현했다. 또 그는 18세기 이후에는 중국이 글로벌 스탠더드가 아니었는데도 중국을 고집하다 조선이 망했다고 평가했다.

'러시아 사대事大' 속에 살았던 핀란드가 급변하는 안보 상황에 따라 미국과 안보 협력에 나선 것은 우리에게도 시사하는 바가 크다. 오코노기 교수의 표현을 빌리자면 핀란드도 글로벌 스탠더드인 미국과의 협력을 강화하기로 한 것이다.

1992년 수교 이후 한중 관계는 경제, 사회, 문화 분야에서 비약적으로 발전했으며 한국과 중국은 전략적 동반자로서 더욱 함께 발전해나갈 분야가 많다. 하지만 중국은 아직도 공산 1당 독재국가이고 글로벌 스탠더드라고 하기는 어렵다. 중국의 중요성이 점점 커지고 있는 것은 사실이지만 여전히 한미 동맹에 도전할 만한 수준은 아니다. 따라서 이러한 현실을 간과한 채 샌드위치론과 같은 담론에 매몰되어선 안 된다.

안미경중, 즉 안보는 미국, 경제는 중국이라는 말도 비현실적이다. 안보와 경제는 분리해서 이야기할 수 없기 때문이다. 박근혜 전 대통령은 시진핑과의 관계를 돈독히 함으로써 한중 관계를 발전시키려 노력을 기울였지만 사드 배치와 같은 안보 문제에서는 한 치의 양보도 받아내지 못하고 오히려 경제 보복에 전전긍긍하는 모습을 보였다. 동맹(미국)과 전략적 동반자(중국) 관계에는 분명한 차이가 있다는 점을 간과하지 않는 현실적 실리 외교가 필요하다.

08 사람들은 일본을 좋아해

일본에 대해서는 말하기가 조심스럽다.

솔직히 한국 사회에서 일본에 대해 객관적으로 말하기는 쉽지 않다. 일제강점기의 상처가 아직도 마음속 깊이 남아 있기 때문이다. 자칫하면 친일파로 오해받고 공개적으로 매도당할 수도 있으니 조심스러울 수밖에. 일본에 관한 한 회색지대가 있을 수 없으며 흑백논리가 분명하다. 한번은 정부 산하 기관과 역사 관련 공동 연구 프로젝트를 하기로 합의하고 계약서에 사인하려는데 예기치 못한 문제가 발생했다. 동해 표기 문제였다. 미국 측 연구진의 입장은 한반도 지도를 사용할 때 '동해(일본해)'로 병기하는 것이 여러 수용자의 이해를 돕는 측면에서 합당하다고 했지만 한국 측에서는 병기를 수용할 수 없고 반드시 동해만 표기해야 한다고 했다. 일본 편을 들자는 게 아니라 아직도 국제사회에서는 동해보다는 일본해가 많이 쓰이는 것이 현실이므로 동해를 먼저 쓰는 것만으로도 한국의 외교적 승리라 볼 수 있다고 설득에 나섰지만 소용없었다. 양측의 합의점을 찾지 못해 아예 지도를 사용하지 않는 것으로 결정하고서야 계약을 했다.

한국과 일본은 비슷한 듯하면서도 다르고, 지리적으로는 가깝지만 일제강점기를 거치면서 생긴 감정의 골이 깊어 여전히 가깝고도 먼 이웃이다. 하지만 일본을 무조건 비판하기에 앞서 객관적으로 평가해보려는 시도는 매우 중요하다. 과거를 직시함으로써 미래의 방향에 대한 통찰을 얻을 수 있기 때문이다.

일본을 모델로 삼았던 날들을 담담하게

몇 가지 사실은 그냥 '있었던 일'로 쿨하게 받아들이면 된다. 우선 한국 근대화 과정에서 일본이 주요 발전 모델을 제시한 것은 부정하기 어려운 사실이다. 19세기 말 이후 동아시아에서 '부국강병'을 기치로 내걸고 가장 먼저 근대화에 성공한 나라가 일본이니, 한국으로서는 일본의 식민 통치라는 뼈아픈 역사적 경험을 했지만 그때나 해방 후에나 일본을 배우고 따라잡으려 했다. 박정희의 개발독재는 메이지 유신明治維新의 근대화 모델을 따른 것이고 유신독재의

'유신'이란 용어도 메이지 유신에서 따온 것 아닌가. 고 이병철 삼성 회장도 일본식 기업 경영 모델을 모방했고, 신라호텔은 일본 오쿠라 호텔을 벤치마킹한 것이다. 오쿠라 호텔은 이병철 회장이 호텔 사업 구상을 위해 일본을 찾으며 자주 묵었던 곳으로, 그가 직접 오쿠라 호텔의 노다 회장을 만나 자문을 구한 일화는 유명하다. 3당 합당으로 이루어진 민자당은 1955년 자유당과 일본 민주당의 합당으로 탄생한 일본의 보수 정당인 자민당을 그 모델로 삼았다. 정부의 해외원조 사업을 맡고 있는 한국국제협력단KOICA은 일본국제협력단JAICA을, 해외 한국학 지원 등 국제 교류를 지원하는 한국국제교류재단Korea Foundation은 일본국제교류기금Japan Foundation을 모방했다. 비슷한 예는 수없이 많다.

이 같은 과거의 모방을 부끄러워하거나 부정할 필요는 없다. 미국이나 유럽 등 서구보다는 역사적으로나 문화적으로 좀더 가까운 일본 모델을 따라 하는 것이 용이했을 것이다. 한국뿐 아니라 대만, 싱가포르, 중국 등도 일본의 발전 모델을 따라간 것이 사실이다. 어차피 후발주자는 선발주자의 발자취를 밟을 수밖에 없고, 어느 정도 수준까지 올라선 다음에야 독자적인 모델을 개발하거나 선발주자를 제치고 나아갈 수 있다.

한국과 중국만 일본을 깔본다

또 한 가지 알아두어야 할 사실은 세계적으로 일본은 꽤 환영받는, 많은 이가 매력을 느끼는 나라라는 점이다. 대부분의 나라에서 일본과 일본인에 대한 이미지는 매우 좋은 편이다. 일본을 부정적으로 보고 우습게 보는 나라는 한국과 중국뿐이라고 해도 과언이 아니다. 2014년 세계적인 여론조사 기관인 퓨 리서치가 진행한 '퓨 글로벌 서베이'에 따르면 한국인 응답자 22퍼센트와 중국인 응답자 8퍼센트만이 일본에 우호적이라고 답한 반면, 태국인 81퍼센트, 필리핀인 80퍼센트, 인도네시아인 77퍼센트, 말레이시아인 75퍼센트, 그리고 미국인의 70퍼센트가 일본에 우호적이라고 대답했다. 또 영국 BBC가 세계 16개국과 유럽연합 국가를 대상으로 조사한 호감도 조사에서도 일본은 5위를 차지해 아시아권에서 가장 높은 순위였고, 같은 조사에서 한국은 11위를 기록했다. 일본과 치열한 전쟁을 치른 미국에서조차 일본에 대한 호감도가 높은 것은 놀라운 일이다. 역사적으로 충분히 비호감 국가로 각인될 뻔한 요소가 다분한데도 일본은 어떻게 사람들의 머릿속에 우호적인 나라로 자리잡을 수 있었을까? 한국 입장에서도 꼼꼼하게 분석해볼 만한 주제다.

분명한 것은 여전히 일본이 아시아의 선발주자이고 해외에서의 이미지도 좋은 편이며 여러 가지 면에서 한국이 참고해 배울 점이 많다는 점이다. 감정적으로 분노하거나 자존심에 상처를 입을 이유도 없다. 먼저 있는 그대로 보는 일이 중요하다는 뜻이다. 삼성이 소니를 제쳤다고 하지만 그런 단일한 비교는 한 가지 측면만 본 것이다. 전반적으로 봤을 때, 일본의 전체적인 기업 경쟁력은 한국보다 훨씬 더 탄탄하다. 운동 경기로 치면 이렇게 비유할 수 있다. 한국의 경우 대표선수들은 뛰어난데 선수층이 매우 얇아 대표선수가 부상이라도 당하면 대체하기가 매우 어렵다. 이에 비해 일본의 경우 대표선수의 수준은 한국과 비슷할지 몰라도 선수층이 훨씬 두텁다는 강점이 있다.

한국의 대표선수인 삼성그룹을 보자. 2014년 말 기준으로 삼성그룹의 매출액은 약 303조 원이고 자산 총액은 약 623조 원인데, 이는 각각 GDP 대비 20.4퍼센트와 42.0퍼센트에 해당한다. 그중에서 삼성전자는 60여 개의 계열사로 구성된 삼성그룹 매출액의 약 46퍼센트, 당기순이익의 약 70퍼센트를 차지하고, 2012년과 2013년에 휴대폰 부문은 삼성전자 매출의 50퍼센트 안팎, 그리고 영업이익의 70퍼센트 정도를 차지했다. 이 정도 비율이면 한국 경제의 '삼성 리스크'라고 할 만하다.

반면 일본의 경우는 대기업에서 중소기업에 이르기까지 탄탄한 제품 경쟁력을 보유하고 있다. 2016년 한국은 매출 1조 원 이상을 올린 기업이 300개가 채 되지 않은 반면, 일본은 900개 넘는 기업이 매출 1000억 엔(약 1조 원)을 넘겼다. 한국은 대기업과 중소기업의 대졸 신입사원 평균 연봉이 2017년 기준 각각 3,855만 원과

2,523만 원(100대 65)으로 그 격차가 큰 반면, 일본은 2016년 기준 대졸 신입사원 평균 월급이 대기업은 20만 7천 엔, 중기업은 20만 1천 엔, 소기업은 19만 9천 엔으로 거의 차이가 없다. 그렇다보니 젊은 인재들이 중소기업을 기피하거나 대기업으로만 몰리는 현상이 적고 중소기업도 필요한 인력을 유치해 생산성과 경쟁력을 높이며 선수층을 두텁게 하는, 이른바 '롱 런long-run'이 가능한 것이다. 2016년 기준 일본의 청년실업률이 한국의 절반 수준인 5.2퍼센트에 그친 것도 이런 상황을 반영한 것으로 볼 수 있다(2106년 한국의 청년실업률은 9.8퍼센트다) .

일본을 무조건 비판하기보다는 일본이 잘하고 있는 점들은 수용하며 한국의 미래를 그려나가는 것이 더 바람직하지 않을까.

09 끝나지 않은 과거사 문제

일본이 여러 분야에서 뛰어남에도 불구하고 이웃인 한국과 중국의 인정을 받지 못하는 것은 과거사 문제를 해결하지 못한 데 큰 이유가 있다. 식민지 강점과 침략에 대한 분명한 책임을 회피하고 독도, 센카쿠 열도(중국명 댜오위다오) 등에서 이웃 나라와 영토 분쟁을 일으키고 있기 때문이다. 물론 일본도 원자폭탄을 맞은 유일한 나라로서 나름대로 피해자라는 의식을 갖고 있을 수 있다. 그렇다 해도 1980년대 일본이 경제강국으로 부상할 때까지도 '경제적 동물economic animal'이라는 비아냥을 들을 만큼 국제사회에서 일본의 리더십이 인정받지 못했던 것은 일본이 과거사에 대한 잘못된 인식을 드러내고 이에 대한 책임을 회피한 것과 연관이 깊다. 독일의 사죄로 일찍이 역사 화해를 한 유럽과 달리 동북아시아는 경제, 문화,

사회적 교류가 빠르게 증가하고 있음에도 해결하지 못한 역사적 갈등과 영토 분쟁이 심화되는 등 이른바 '동북아의 패러독스'를 맞고 있다.

더구나 동북아 역사 전쟁은 국제사회로 확전되고 있다. 중국은 하얼빈에 안중근 의사 기념관을 건립하고 시진핑 주석은 집권 후 한국과의 역사 공조를 제안하는 등 대일 공세를 강화해왔다. 한국도 해외 동포들의 활발한 활동으로 2007년 미 의회에서 위안부 결의안 채택을 이끌어냈으며 뉴저지, 캘리포니아 등 여러 지역에 소녀상을 건립하고, 동해 병기 표기안을 추진하고 있으며, 일본 기업에 대한 강제 징용 배상 소송도 미국에서 진행중이다.

일본 역시 이에 맞서 역逆로비뿐 아니라 워싱턴 내 주요 싱크탱크를 중심으로 자신들의 입장을 적극적으로 피력하고 있다. 일본이 한국의 요구를 들어줄 경우 한국은 또다른 요구를 할 것이라는 일종의 '골대 움직이기론moving goal post'으로 맞불을 놓고 있다. 2013년 아베 신조 정부는 일본군의 위안부 관여를 인정한 1994년의 고노 담화를 재검증하겠다고 나서기도 했으며 담화 수정 자제를 요청한 미국의 입장을 수용하면서도 담화 내용이 한일 간 정치적 타협의 산물임을 강조해 한국을 무시하고 자극하는 이중적 전략을 택한 바 있다.

우여곡절 끝에 2015년 말 한일 간 위안부 문제에 관해 도출된 "최종적이고 불가역적인" 합의에 따라 일본 정부는 10억 엔을 지원해 한국에 '화해·치유 재단'을 설립했다. 하지만 정부 간 합의는 위안부 피해자들의 반발을 불러왔을 뿐 아니라 영토 분쟁과 역사 전쟁은 여전히 지속되고 있다.

한국에 팽배한 반일감정은 정서적인 측면이 크다. 부산에 세워진 평화 소녀상을 두고 벌어진 논란이 보여주듯이 최근의 합의에 대해서도 한일 간 해석이나 입장이 다르다. 한국 정부는 "소녀상 건립은 민간단체에서 자발적으로 추진되는 만큼 정부가 이래라저래라 할 사안이 아니다"라는 입장을 고수하는 반면, 일본 정부는 "소녀상이 어떻게 되느냐, 뭐가 어떻게 되느냐는 것은 (한일 간 합의문에) 분명히 쓰여 있다. 양국 관계에서 말하자면 '패키지'라고 생각한다"(하기우다 일본 관방부장관)고 주장하며 부산 일본 총영사관 앞 '평화의 소녀상' 설치에 대한 반발로 모리모토 야스히로 주부산 일본 총영사와 나가미네 야스마사 주한 일본 대사를 귀국 조치시키고 85일 동안 돌려보내지 않기도 했다.

정교한 논리와 맞춤형 전략이 필요하다

잘못한 것은 잘못했다고 쿨하게 인정하고 사죄하면 될 텐데, 과거사 문제에 대한 일본의 태도와 행동을 보면 참으로 답답하다. 하지만 분통 터지는 형국일수록 한국은 도리어 감정적인 대응을 자제하고 국제사회에서 통할 수 있는 정교한 논리를 개발해 맞춤형 전략을 가다듬어야 한다. 특히 한일 관계라는 좁은 틀에서 벗어나 국제사회 전체로 시야를 넓힐 필요가 있다.

먼저 한일 간 과거사 문제 중 가장 첨예한 이슈인 위안부 문제를 보자. 일본인들이 내세우는 논리처럼 전쟁중에, 또 외국 군대가 주둔하는 곳에 '매춘'이 있을 수는 있다. 하지만 위안부 문제는 성노예에 국가가 조직적으로 개입한, 역사상 유례가 없는 반인륜적인 행위이며, 그 점에서 일본이 변명할 여지가 없는 인권유린 사례다. 일본 정부가 개입했던 위안부의 규모가 중요한 것이 아니라 국가가 성노예 문제에 개입했다는 사실 자체가 엄중한 것이다. 그런데 이 이야기를 한국인들은 다 알고 있지만 국제사회에서는 아직도 위안부 문제를 전시중에 발생한 강제 매춘 행위 정도로 여기는 경우가 많다. 위안부의 본질과 성격, 그리고 왜 이것이 문제가 되는지에 대한 쟁점을 좀더 분명히 적극적으로 알려야 한다. 나아가 위안부 문제를 보편적 인권 유린 문제라는 큰 틀에서 조명해 국제사회에서 이슈화하고 유엔, 국제인권단체, 교육기관 등과 연대해 활동 반경을 넓혀야 한다. 다시 말해 한국이 겪은 위안부의 상처는 단순히 한국만의 문제가 아니라 제대로 반성하지 않으면 지금도, 또 앞으로도 일어날 수 있는 반인륜적인 행위이므로 이를 방지하는 데 국제사회가 힘을 모아야 함을 설득해야 한다.

반면 독도 문제는 아예 거론 자체를 하지 않는 것이 전략적으로

현명한 선택이다. 한국이 실효적 지배를 하고 있기 때문이다. 이런 상황에서 독도가 자꾸 분쟁 지역 리스트에 오르면 사실 일본에 더 유리할 뿐이다. 영토 분쟁화를 꾀하는 일본의 전략에 휘말려서는 안 된다. 일본은 한국뿐 아니라 중국, 러시아와도 영토 분쟁을 벌이고 있다. 그런데 한국과 러시아가 실효적 지배를 하고 있는 독도와 쿠릴 열도는 영토 분쟁화하면서, 자신들이 실효적 지배를 하고 있는 센카쿠 열도는 영토 분쟁화하는 것을 막으려는 이중적 전략을 펴고 있다. 이명박 전 대통령이 임기 말에 독도를 방문했는데, 국내적으로는 정치적 소득이 있었는지 모르지만 한일 관계를 급격하게 냉각시켰을 뿐 아니라 국제적으로도 한국이 분쟁의 불씨를 만든다는 인상을 주었다. 독도는 영토 문제이기 이전에 일제의 조선 강탈과 관련된 역사 문제임을 분명히 해 영토 분쟁화하려는 일본의 노력을 무시하고 거부해야 한다.

외교나 국제정치에서는 제스처나 수사修辭도 중요하다. 그런 맥락에서, 한국은 일본이 과거의 잘못에 대해 여러 차례 사과했다는 사실 자체는 인정하는 모습을 보여야 한다. 그래야 오히려 '그럼에도 불구하고' 여전히 결정적으로 부족한 점이 무엇인지, 쟁점을 옮겨 한국이 문제 삼는 바를 일본은 물론이고 국제사회에 효과적으로 전달할 수 있다. 총리가 야스쿠니 신사를 참배하고 일본 고위 각료는 잊을 만하면 과거 일본의 만행을 부정하는 발언을 한다. 바로 이런 일본의 이중성에 문제의 본질이 있음을 국제사회에 알려야 한다.

일본이 사과했다는 사실 자체를 전적으로 부정하는 듯한 제스처를 취하는 것은 좋은 전략이 아니다. 자칫 일본은 화해의 손길을 내미는데 한국이 사사건건 시비를 걸면서 속좁게 이를 받아들이지 않는다는 인상을 줄 수도 있기 때문이다. 정말 답답하고 안타까운 일이지만은 실제로 국제사회에서는 그렇게 느끼는 사람들이 많은 듯했다. 한 예로 2014년 봄 네덜란드 헤이그에서 열린 핵안보정상회의에서 오바마 대통령의 주선으로 박근혜 전 대통령이 아베 총리와 테이블에 마주앉았는데, 그때 화해를 제안하는 듯한 아베의 제스처에 박근혜 전 대통령이 굳은 얼굴로 등을 돌리는 듯한 모습의 사진이 국내외 언론에 크게 보도된 적이 있다. 국내에서는 대통령의 단호한 표정이 얼마간 통쾌한 느낌을 주었을지 모르겠지만 외교적으로는 엄청난 손해였다.

국제사회의 이해를 높여라

한 걸음 더 나아가 국제사회에서의 공공외교도 더욱 체계적으로 전개해야 한다. 위안부나 독도 문제 등의 역사적 맥락이나 본질에 대해 국제사회의 이해가 부족한 데는 한국의 책임도 있다. 과거사 문제가 발생하면 아베 정부는 한국에 대해선 소극적인 반면 국제사회, 특히 미국을 상대로 한 여론전에는 매우 적극적이다. 앞에서도 언급했듯이 워싱턴에 가면 소위 '재팬 핸드'들이 정부뿐 아니라 싱크탱크 곳곳에 포진하고 있다. 이들은 일본재단Japan Foundation과 같은 정부 산하 기관뿐 아니라 사사카와 재단과 같은 민간 단체의 후원으로 미일 동맹 등 일본에 관한 연구, 정책 프로젝트를 수행하고 정부나 민간이 참여하는 세미나와 학술회의도 활발히 열어 미국 조야朝野에 일본의 입장을 적극 피력하고 있다.

한일 간 역사 전쟁이 한창일 때 워싱턴을 방문한 적이 있는데 당시 한 싱크탱크에서 일하던 자칭 한반도 전문가라는 사람조차 나에게 "한국이 골 포스트를 자주 옮기는 것 아니냐"고 반문하면서 일본의 입장을 그대로 대변하는 것을 보고 놀라지 않을 수 없었다. 이처럼 공공외교에서 밀리면 자칫 한국이 너무 고집스럽고 역사 화해의 의지가 없어 문제 해결이 어렵다는 인상을 줄 수 있다. 더구나 국제 여론이 우호적인 한 일본이 한국에 적극적인 화해의 손길을 내밀 가능성은 더욱 낮다.

몇 해 전 미국 초등학교에서 『요코 이야기』라는 소설이 교재로 쓰인다고 해서 한국에서도 한동안 시끄러웠다. 이 책은 제2차 세계대전 막바지 무렵 열한 살 먹은 일본인 소녀 가와시마 요코가 어머니, 언니와 함께 그들이 살던 함경북도 나남(현재 청진시의 일부)에서 일본으로 귀환하기까지의 경험담, 일본으로 온 후 힘든 삶을 살아가는 과정, 귀환시 헤어졌던 오빠와의 재회 등을 그리고 있다. 한국에서도 2005년 5월에 번역 출간되었는데 2007년 1월 한국의 한

방송 프로그램에서 이 책이 일부 한국인을 사악한 사람, 강간자로 묘사했다고 비판한 후 국내뿐 아니라 미국 교민사회에서도 격앙된 반응을 불러일으켰고, 결국 미국 내 한인 학부모들의 항의로 미국 초등학교 교과에서 퇴출되었다.

그런데 냉정하게 따져보면 『요코 이야기』가 미국 학교 교재로 쓰이는 것에 반발하지만 그렇다고 일본의 식민 지배와 한국의 입장을 잘 설명할 수 있는 교재를 개발하는 데는 소홀하다. 일본은 이미 그러한 교재를 많이 개발해 그렇게 개발된 교재가 미국 학교에서 사용되고 있다. 이런 교재들을 통해 아시아 과거사에 대해 배운 미국 학생들이 어떤 관점을 갖게 될지는 긴 설명이 필요없을 것이다.

아직도 국제사회에서는 위안부, 강제 징용, 독도 문제 등에 대한 정확한 이해와 인식이 턱없이 부족하고 일본의 견해에 경도된 경우가 많음을 인지해야 한다. 그렇기에 한국의 입장을 알리는 데 더욱 적극적으로 나서야 하는 것이다.

10 상실의 시대를 건너뛰는 방법

한 시대를 풍미했던 '워크맨'의 추억이 있다. 애플의 아이팟과 아이폰이 나오면서 이제는 잊힌 추억이 되어버렸지만 그 당시 소니 전자제품의 인기는 정말 대단했다. 오죽하면 워크맨이 휴대용 카세트테이프를 통칭하는 말이 됐을까. 한 회사의 브랜드가 보통명사로 자리잡았다. 삼성이나 LG는 감히 상대가 되지 못할 정도로 인기가 뜨거웠다. 그런데 1980년대 말까지 일본의 고도경제성장기를 리드했던 소니는 1990년대 들어 끝없이 추락했다. 워크맨은 사라지고 TV, 스마트폰 등에서도 한국 기업에 밀리는 신세가 되었다. 소니의 추락은 1990년대 이후 일본의 잃어버린 20년을 상징하는 사건이다.

미국에서도 마찬가지다. 일본어를 배우려는 학생들로 미어터지던 대학 강의실은 텅 비었고, 학생들의 관심을 끌지 못한 수업들은 줄줄이 폐강되는 등 1980년대 말, 마치 미국을 집어삼킬 듯 기세등등하던 일본의 위세는 어느새 옛날이야기가 되어버렸다. 이후 일본에 대한 관심은 중국에 대한 관심으로 대체되었다. 일본은 여전히 미국의 중요한 동맹국이긴 하지만 정치적 리더십 부재에 역사·영토 문제로 이웃 국가들과의 분쟁도 해결하지 못하는 나라가 되었다.

이제 세계는 또다른 이유로 일본을 주목하고 있다. 일본은 실패에서도 앞서갔기 때문이다. 일본은 저성장 시대에 저출산, 고령화 등의 문제를 다른 아시아국보다 한발 먼저 맞이했으며 일본이 대응 중인 각종 위기들은 비슷한 실수와 실패를 피하고 싶은 다른 국가들이 주목할 만한 사례다.

일본의 잃어버린 20년

일본이 리드했던 동아시아 발전 모델이 한계에 다다랐다는 것은 굳이 설명하지 않아도 누구나 피부로 느꼈을 것이다. 메이지 유신 이후 정부 주도로 진행된 개발독재 모델은 일본을 20세기 동아시아의 리더로 만들었지만 지나친 규제와 관료화를 가져왔고 고도경제성장은 과도한 거품을 낳았다. 또한 경제성장과 맞물려 폐쇄적인 문화가 강고해졌다. 일본은 지리적으로 고립된 섬나라이고 한국처럼 민족주의를 강조하지만 과거에 경제적으로 성공한 이유는 서구의 문물을 적극 받아들이는 등 세계를 향해 열려 있었기 때문이다. 화혼양재, 즉 일본의 혼을 유지하면서 서양의 기술을 받아들인 것이 일본 근대화 모델의 기본 정신이라고 할 수 있다. 그런데 언제부터인가 일본은 '넘버원'이라는 자만에 빠져 폐쇄적으로 변해갔다. 1990년대 중반까지만 해도 5만 명에 육박하던 미국 내 일본 유학생들의 숫자는 현재 2만 명에도 미치지 못하고, 일본 최고 대학인 도쿄대학 총장까지 나서서 제발 유학 좀 가라고 사정할 지경이 되었다.

저출산과 고령화도 일본의 성장동력을 빼앗아간 주요 원인이다. 세계 최저 수준의 출산율에 2000년대 중반 초고령사회(65세 이상이 총인구의 20퍼센트 이상)에 진입한 일본은 2050년에는 전체 인구의 40퍼센트가 노인이 되어 한국과 함께 세계에서 가장 '늙은 사회' 중 하나가 될 것이다. 그렇게 되면 인구의 고령화로 소비는 위축되는데 정부의 복지 예산은 늘어난다. 재정적자에 허덕이며 저성장 사회로 진입하는 것이다. 중국, 동남아를 비롯해 외국에서 비숙련 노동력을 적극 수입하고 다문화 정책을 펼치며 저출산, 고령화로 인한 생산인구 감소를 타개하려는 노력도 별반 큰 효과를 보지 못했다.

사회 경제적, 인구학적 위기가 왔지만 일본의 정치는 리더십 부재로 어려움을 겪었다. 총리가 자주 바뀌어 그나마 장기 집권한 고이즈미나 아베 총리를 제외하곤 이름도 다 기억하기 어려울 정도다. 더구나 총리가 바뀌어도 정치는 바뀐 것이 없어 일본에 있는 특파원들은 5년 전, 10년 전에 쓴 기사에 총리 이름만 바꿔 넣으면 되니 새 기사를 쓸 필요가 없겠다고 비아냥거리기도 한다. 1950년대 이후 장기 집권한 자민당이 유권자들의 심판으로 밀려나고 야당인 민주당이 권력을 잡았지만 제대로 힘도 못 쓰고 뒤죽박죽된 채 다시 자민당에 권력을 내주고 말았다. 일본 정치는 2세, 3세로 이어지는 세습된 정치 지도자들의 견고한 성에 갇혀 빠르게 변화하는 사회 경제적 상황에 대처하지 못했다.

새로운 변화

그렇다고 일본이 지난 20년 동안 허송세월만 한 것은 아니다. 경제적 어려움을 겪으며 각고의 노력을 했다. 특히 과학기술에 기반한 혁신 분야에서 많은 성과를 냈다. 최근 20년간 무려 16명의 노벨상 수상자를 배출했고, 역대 총 25명의 수상자 중 22명이 과학 분야일 만큼 기초과학 분야에서 뛰어난 인재 풀을 자랑하고 있다. 창업하려는 똑똑한 젊은이들이 늘어났고 대학은 산학 협동을 통해 이를 적극 지원했다. 또한 실리콘밸리와의 협조를 강화하기 위해 야마하, 토요타, 혼다 등 일본의 대표적인 기업들이 실리콘밸리에 오피스를 열고 '오픈 이노베이션'을 적극 받아들이고 있다. 2015년 봄 아베 총리는 실리콘밸리를 방문해 일본과 실리콘밸리의 가교를 강조하기도 했다.

일본은 새로운 변화를 모색하고 있다. 아베노믹스로 대변되는 강력한 경기 부양을 통해 저성장의 늪에서 벗어나려 몸부림치고 있다. 아베 총리는 2006년 9월부터 1년간 첫번째 총리 재임 시절의 실패를 교훈 삼아 더욱 강력한 리더십으로 일본의 변화를 꾀하고 있다. 이런 노력들 덕분인지 아베가 한국인들에겐 비호감의 대표주자로 인식되고 있지만, 어쩌면 일본 역사상 최장수 총리가 될지도 모른다. 마이너스 금리에도 불구하고 엔고 현상이 발생하는 등 아베노믹스가 과연 성공할지에 대해서는 아직도 의견이 분분하지만 일본의 경제나 사회 분위기가 다시 활기를 띠고 있는 것만큼은 분명한 사실이다.

아베 정부는 더 나아가 전후 체제 청산을 통한 일본의 '보통국가화'를 추진하고 있다. 현행 헌법에 규정되어 있는 전쟁 포기 등을 비롯해 보통국가 내지는 정상국가로 가는 데 걸림돌이 되는 장애 요인들을 제거하고 집단자위권 행사를 가능케 함으로써 비정상적이었던 전후 체제를 허물고 적극적 평화주의라는 슬로건 아래 강한 일본을 만들겠다는 포부를 하나씩 이루어가고 있다. 한국이나 중국 등 이웃 나라에서는 일본 군국주의의 부활이라고 비판하는 시각이 많지만 일본 국내에서는 많은 지지를 얻고 있다. 또한 미일 동맹의 강화로 중국의 부상을 견제하고 일본의 안보를 지키겠다는 확고한 전략을 펴고 있다. 저출산, 고령화에 대한 대처에서도 일본은 한국보다 한발 앞서 있다. 앞에서도 언급했듯 아베 총리는 일본을 '외국인들에게 영주권을 가장 빨리 내주는 나라'로 만들겠다고 공언하며 더 적극적인 이민 정책을 펼 것을 천명했다.

일본의 쓰라린 경험은 한국에 많은 시사점과 교훈을 주고 있다. 한국은 일본의 발전 모델뿐 아니라 저성장의 늪 또한 답습할 조짐을 보이고 있기 때문이다. 관료화된 규제 공화국, 저출산·고령화 속의 저성장, 정치 리더십 부재, 여전히 강고한 민족주의, 미국과 중국 사이에서 오락가락하는 외교안보 전략의 부재 등 하나하나 꼽다보면 덜컥 겁이 난다. 이러다 일본의 잃어버린 20년과 비슷한 길을 가는 것 아닐까 하는 걱정에서다.

한국과 일본은 길고 긴 애증의 역사를 거듭하고 있다. 중국의 부상으로 동아시아의 질서가 요동치는 이 시기에, 그래도 일본은 한국이 함께 가야 할 나라다. 과거의 아픈 상처에도 불구하고 한국과 일본은 너무나 닮은 것이 많다. 게다가 일본의 현재를 자세히 들여다볼수록 한국의 미래를 구체적으로 예측해볼 수 있어 예상되는 위험을 피해갈 혜안을 얻을 수 있다. 일본을 유심히 봐야 하는 이유다.

11 우리는 북한을 모른다

북한은 정말 알 수 없다. 누구나 북한에 관해 얘기하지만, 누구도 북한을 제대로 안다고 자신 있게 말할 수 없다. 우리가 진짜로 보고 겪은 판단의 재료들은 무엇인가? 위성사진을 통해 추정한 미사일 발사 준비 장면? 조선중앙TV의 앵커가 특유의 억양으로 보도하는 뉴스? 우리는 북한을 모른다. 닫힌 세계이기 때문이다. 닫힌 세계지만 그곳에서 펼쳐지는 일들은 지나치게 드라마틱하다. 독재, 전쟁 위협, 잊을 만하면 터지는 비극적인 사건들…… 그렇지만 실체가 뭔지 알고 싶어도 베일에 가려져 온전히 손에 잡히지 않는다.

북한이 폐쇄적이고 빈곤한 독재국가라는 것 정도는 대부분 알고 있고 다들 거기에 동의하지만, 그 이외의 사안에 대해서는 국내뿐 아니라 해외에서도, 또 일반인뿐 아니라 전문가 그룹 사이에서조차 첨예하게 의견이 갈린다. 그 누구도 베일에 싸인 북한을 100퍼센트 정확히 알 수 없으니 추측과 가정이 난무할 뿐이다.

특히 북한의 핵과 미사일 개발이 얼마나 진행되었고 그것이 얼마나 큰 위협이 되는지, 그리고 대화와 협력을 통해 남북 관계 개선을 꾀할 것인지, 아니면 북한을 더욱 압박해서 핵과 미사일을 포기하도록 하고 정권 교체regime change까지 이끌어내야 하는지 등 근본적인 문제들에 대해서는 좀처럼 의견이 모아지지 않는다. 통일 문제만 해도 과거에는 남북이 같은 민족이니 당연히 '우리의 소원은 통일'이라고 생각했지만 지금은 회의론이 팽배하다. 더구나 대북 정책에 대한 견해 차이는 남남갈등을 유발하고 한미, 한중 관계는 물론 미중 관계에도 큰 영향을 미치는 위험요소로 작용한다. 냉전 시대가 끝난 지 오래지만 아직도 한국에서 종북좌파라는 주홍글씨는 위력을 떨치고 있으며, 북핵 문제를 둘러싸고 벌어지는 미중 간의 힘겨루기는 한국의 외교안보에 큰 도전이 되고 있다.

북한을 있는 그대로 분석하고 이해하기란 쉽지 않다. 워낙 폐쇄적인 국가라 정확한 데이터나 정보를 얻기 어려운데다 각자의 정치적, 이념적 성향에 따라 북한을 보는 시각이 확연히 다르기 때문이다. 한국에선 대체로 한미 동맹을 지지하고 북한을 비판하면 보수로, 반대로 한미 동맹을 비판하고 북한의 입장을 이해하려고 하면 진보로 여기는 경향이 있다. 사실 나는 어째서 그렇게 '분류'되어야 하는지 그 연결고리에 의문을 품고 있다. 그런 분류법을 낳은 한국

현대사의 맥락을 고려하더라도 말이다. 이제 북한 이슈에 관한 입장을 잣대로 누군가의 색깔을 단정짓는 접근법은 한국에 절대 도움이 안 된다. 이념적 도그마를 초월해 잘 모르는 북한에 대해 좀더 자유롭게 의견을 피력하고 활발히 토론해야 지혜를 조금이라도 더 모을 수 있지 않을까.

김씨 왕조의 계보

외신이나 미국의 북한 전문가들 사이에서는 종종 북한을 일컬어 '김씨 왕조Kim Dynasty'라 칭한다. 공산국가라기보다는 차라리 권력이 세습되는 왕조에 가깝다는 것이다. 북한은 인류 역사상 유례가 없을 정도로 독특한 체제를 구축하고 있다. 건국 초기에는 조선노동당 1당 독재 등 전형적인 공산국가 체제를 모방했고 소련과 중국의 지원도 많이 받았지만 이제는 북한을 공산주의국가라고 말하기 어려워졌다. 자신들의 헌법에서조차 공산주의라는 말을 삭제한 지 오래다.

또한 북한의 이념적, 사상적 기초는 공산주의가 아닌 주체사상이나 '우리 민족 제일주의'와 같은 폐쇄적이고 배타적인 민족주의라고 할 수 있다. 유럽의 공산국가는 물론 중국이나 베트남 같은 아시아의 공산국가에서도 북한처럼 3대에 걸쳐 절대적인 왕정 체제를 구축한 경우는 없다. 권력 승계 면에서 사우디아라비아 같은 중동의 몇몇 왕조국가와 비슷하다고 할 수는 있겠지만, 북한처럼 국제사회와 거대한 담을 쌓고 지내는 나라는 없다.

20대 후반의 김정은이 북한의 권력을 승계했을 때 외부에서는 어린 철부지가 최고지도자가 된 것이 이해되지 않는다는 반응도 있었고 이제 북한은 얼마 버티지 못할 것이라고 예상한 사람들도 있었지만, 북한에서 김정은의 권력 승계는 지극히 당연한 일이었다. 지금과 같은 시대에 3대에 걸쳐 권력을 세습한다는 것은 결코 쉬운 일이 아니다. 김일성 주석은 독재자였지만 나름의 카리스마를 갖고 장기집권했다. 김일성의 과거 행적에 대해선 의견이 분분하지만 그가 남다른 지도력을 발휘했던 것만큼은 분명해 보인다. 학자들의 대체적인 견해는 김일성이 1930년대에 만주를 중심으로 소규모 항일 게릴라 운동을 펼친 뒤 1940년대 들어 일본의 공격이 심해지면서 소련으로 이주했고, 게릴라전의 경험과 소련에서 지내는 동안 쌓은 인적 네트워크를 충분히 활용해 해방 후 북한에서 권력을 잡았다고 보고 있다.

이후의 계보는 우리가 아는 그대로다. 2대인 김정일 국방위원장은 아버지와 같은 대중적 카리스마는 없었지만 권력 승계 이전부터 통치에 깊숙이 관여했고 군부를 권력 기반으로 활용하는 이른바 '선군정치'를 펼쳤다. 당시 소련 제국 붕괴의 후폭풍과 김일성의 사망으로 북한이 오래 버티지 못할 것이라는 전망이 국내외적으로 우세했고 국내에선 통일에 대한 희망적 기대감이 컸다. 하지만 김정일 체제의 북한은 주민에 대한 통제를 강화하면서도 남북정상회담, 금강산 관광, 개성경제특구 설치 등 남북 관계 개선을 통한 경제 발전을 시도하는 동시에 핵무기와 미사일 등의 대량살상무기 개발에도 박차를 가하며 군사력 강화를 꾀했다.

2011년 말 김정일의 갑작스러운 사망으로 3남인 김정은에게 권력이 이양되었다. 일부에서는 나이 어린 김정은이 실권을 잡지 못하고 군부나 고모부 장성택이 섭정할 것이라는 예측도 나왔다. 김정은은 어린 시절 스위스에서 지낸 경험이 있으니 좀더 과감한 경제 개방을 할 것이라는 기대감도 있었다. 하지만 현재까지는 이러한 예측이 모두 빗나간 것으로 보인다. 김정은은 실세라던 고모부 장성택을 비롯해 인민무력부장 현영철 등 고위인사를 처형하는 공포정치를 감행하며 빠르게 권력을 강화했다. 김정은은 아버지 김정일과 달리 군부대나 산업시설 등을 공개적으로 방문하며 대중 친화적인 이미지를 연출하긴 하지만 체제 자체에 근본적인 변화는 없어 보인다.

또한 대외 관계에서도 남한은 물론 미국 등 국제사회와 강대강 대치를 하면서 핵 실험과 미사일 발사를 지속하고 있다. 남북 관계는 더욱 경색되었으며 남북경협의 상징이자 최후의 보루라고 할 수 있는 개성공단마저 폐쇄되었다. 전통 우방국인 중국과도 서먹한 관계를 유지하고 있는데, 2011년 12월 집권해 5년이 지난 2017년 8월 현재까지도 중국과의 정상회담이 열리지 않고 있다. 김정은이 어느 정도의 권력을 장악하고 있는지, 그리고 그의 권력이 얼마나 오래갈지 단정적으로 말하기는 어렵다. 또한 김정은의 '병진 정책', 즉 경제와 핵이라는 두 마리 토끼를 동시에 잡겠다는 야심이 성공할지 여부도 여전히 미지수다.

재벌 오너를 닮은 김정은

이러한 불확실성에도 불구하고 북한을 차라리 일종의 왕조로 보고 접근하는 것은 남북 관계를 이해하고 개선하는 데 열쇠가 될 수 있다. 세습이라는 측면이나 절대권력을 가졌다는 점에서 한국의 재벌과 유사한 점이 많은데, 김정은이 재벌의 오너라면 한국의 대통령은 5년 임기의 전문경영인에 비유할 수 있다. 오너는 최종결정자로서 절대권력을 갖고 장기적으로 일을 추진할 수 있는 장점이 있는 반면 자칫 독선과 오만에 빠져 자기 자신만의 세계를 구축하고 거기에 갇혀 세상의 흐름을 놓칠 수 있다. 이에 비해 전문경영인은 전문성과 유연성을 갖추고 있지만 주어진 시간 내에 성과를 내야 하는 부담을 갖고 있다.

한국의 대통령은 5년이라는 임기 내에 남북 관계에서 가시적인 성과를 내야 한다는 부담감 때문에 대북 정책을 장기전으로 생각할 여유가 없다. 노무현 대통령이 임기 말에 무리하게 남북정상회담을 강행한 것도 이러한 연유에서일 것이다. 반면 북한의 최고지도자는 한국의 파트너가 마음에 안 들면 다음 파트너가 들어설 때까지 기다리는 여유를 가질 수 있다. 이런 점에서 한국도 남북 관계에서 단기적인 성과에 집착하기보다는 정책의 일관성과 연관성을 1순위로 두고 좀더 장기적인 시각과 정책으로 임할 필요가 있다. 이를 위해서는 대북 정책이야말로 편 가르기식 색깔론에서 거리를 둔 채 초당적으로 접근해야 한다. 장기적인 계획을 가지고 접근해야 대통령이 바뀌고 집권당이 바뀌어도 북한의 수에 말리지 않고 여유롭게 임할 수 있다.

그리고 김정은 문제와 북한 이슈를 다룰 때는 현상을 제대로 파악하려는 노력을 기울여야 한다. 김정은이 재벌의 오너와 같은 절대권력을 가진 최종 결정자라면 그의 집권 능력이나 성격 등을 주도면밀하게 파악하는 것이 중요하다. 그런데 전문가들조차 김정은 위원장이 어떤 인물인지 정확히 아는 사람이 없다. 그가 정권을 잡은 지 5년이나 되었지만 아직도 한국과 미국 정부 인사 중에서 그를 직접 만나 대화를 나눠본 사람이 없지 않은가. 고 김정일 위원장의 경우에도 처음에는 술주정뱅이에 여자나 밝히는 폭군 정도로 여겨졌다가 남북정상회담 후에야 전략적 사고를 가진 협상 파트너로 인정받기 시작했다. 당시 미국 국무장관이었던 올브라이트도 김정일과의 회담 후 같은 평가를 했으며 대화와 협상의 파트너로 인정한 바 있다.

지금도 김정은이 고모부에 이복형까지 무자비하게 제거하는 폭군인지, 아니면 전략적 마인드와 강한 추진력을 가진 독재자인지 잘 모르는 상태이니, 대부분 확인되지 않은 루머와 가정에 의존할 수밖에 없는 상황이다. 그래서 대북 관계에서는 '지피지기면 백전백승'이라는 손자병법의 기본마저 무시되고 있다. 북한은 우리가 생각하는 일반적인 국가가 아니다.

12 코리아 리스크

아직도 잊히지 않는, 단호함이 깃든 목소리를 나는 기억한다. 2007년 3월 북한 측 6자회담 대표인 김계관 외무성 부상이 워싱턴으로 가는 길에 스탠퍼드에 들렀다. 미국, 한국, 일본 등 언론의 열띤 취재를 따돌리고 스탠퍼드에서 30분 거리에 있는 사라토가라는 조그마한 도시의 한 호텔에서 1박 2일간 미팅을 했다. 미국 정부 인사도 참여한 미팅이었다. 아마도 그때가 북미 간에 북한의 비핵화와 북미 관계 정상화를 진지하게 논의한 마지막 시점이 아니었나 싶다.

그때 처음 만난 김계관 부상은 조그마한 체구에 부드러운 말투와 조용한 성품을 지녔음에도 내공이 느껴졌다. 미국이나 한국의 상대 인사에 비해 오랫동안 같은 일을 해와서 그런지 핵무기의 기술적인 사안에서부터 국제정치학적 이슈에 이르기까지 매우 해박하다는 느낌을 주었다. 회의를 마치고 와인을 곁들인 만찬에서 취기가 조금 올랐을 때 그의 반응을 보고 싶어 일부러 유도성 질문을 던졌다. "김부상님, 북한이 핵을 포기할 의사가 있나요? 나 같으면 안 할 텐데요." 다소 어이없다는 듯 한동안 나를 응시하던 김부상은 조용하면서도 단호한 목소리로 대답했다. "신선생, 우리는 외부의 위협이 없어지면 핵을 포기할 겁니다." 그의 말을 들으면서 '아, 북한은 이제 핵을 포기하지 않겠구나' 하는 생각이 들어 마음이 무거워졌다. 10년이 지난 현재, 그때의 우려대로 북한은 핵무기 굳히기에 들어갔다.

핵무기의 용도

북한은 왜 그토록 핵무기 개발에 집착하는가? 그리고 현 상황에서 핵무기를 포기할 이유나 가능성이 있는가? 결론부터 말하자면 북한이 핵을 보유하려는 이유가 무엇이냐에 따라 포기 가능성도 달라진다.

우선 안보용이다. 재래식 무기의 열세를 핵무기로 극복하려는 의도로 보는 견해다. 경제력은 물론 재래식 군사력에 있어서 한국에 열등한 북한이 핵을 보유함으로써 그 열세를 만회하고 전쟁 억지력을 확보하려 한다는 것이다. 또 이라크의 경우처럼 핵무기만이 확실한 국가안보, 정권안보를 담보할 수 있다고 보는 시각이다. 이런 관점에서 본다면 북한이 핵을 포기할 가능성은 매우 적다고 할 수 있다.

두번째는 협상용이다. 핵을 담보로 미국으로부터는 안보 보장을 받고 한국, 일본 등으로부터는 경제 원조를 얻는 지렛대로 활용하려 한다는 견해다. 1993~1994년 1차 북핵 위기 후 타결된 북미 간 협정에서 북한이 대규모 경협을 얻어낸 것이 중요한 예다. 북한이 핵무기에 집착하는 주목적이 경제 원조 등을 얻어내기 위한 협상용이라면 핵을 포기할 가능성이 충분히 있다. 물론 핵무기 기술이 진전될수록 포기에 대한 보상은 더욱 커질 수밖에 없을 것이다.

세번째는 체제 유지용이다. 김일성에 비해 카리스마나 권위가 부족한 김정일과 김정은이 통치를 강화하려는 체제 강화책으로 핵을 이용한다고 보는 견해다. 아무리 독재정권이라고 해도 물리적인 억압에만 의존할 수는 없으므로 외부와의 긴장 관계를 조성함으로써 내부의 단결을 꾀하고 핵 보유국으로서의 지위를 김정일과 김정은의 업적으로 선전하면서 내부 통제를 강화하는 수단으로 사용하는 것이다. 체제 강화가 주목적이라면 세습 권력이 건재하는 한 북한이 핵을 포기할 가능성은 거의 없다고 할 수 있다.

마지막으로 핵 국가로서의 위상을 획득하기 위해서다. 세계적으로 핵무기를 보유한 국가는 미국, 영국, 러시아, 중국 등 소수 강대국뿐이다. 북한이 핵 보유국이라는 지위를 확보함으로써 국제사회에서 위상을 높이려는 의도라고 보는 견해다. 일종의 '핵민족주의 nuclear nationalism'라고 할 수 있는데, 북한이 핵 실험 성공을 대대적으로 보도하면서 마치 강대국이라도 된 듯 홍보에 열을 올리는 이유도 여기에 있다. 이 경우에도 북한이 핵을 포기할 가능성은 적다고 할 수 있다.

핵무기 개발에 관해 지난 20여 년 동안 북한이 보인 태도나 행동을 주의깊게 살펴보면, 처음에는 북한이 핵을 안보용으로 개발한 것 같다. 1990년대까지만 해도 핵무기 개발을 안보 보장, 에너지 원조, 경제협력 등을 위한 다목적 협상용으로 활용하다가 이제는 아예 핵 보유국임을 선언하면서 체제 유지를 위해 이를 이용하는 것으로 보인다. 이런 흐름으로 봤을 때 북한이 핵을 포기할 가능성은 거의 없다고 여기는 것이 현실적이다.

미국과 중국이 북핵 문제를 해결할까?

김정은이 핵무기 앞에서 버튼을 누를까 말까 고민하는 장면은 상상도 하기 싫지만 아주 불가능한 시나리오도 아니다. 그런데도 마땅한 대응 수단이 없어, 북한 핵문제의 심각성이 더 크다.

2016년 9월 북한의 5차 핵 실험 이후 미국과 유엔 등이 나서서 사상 최고 수준의 대북 제재라는 유엔 결의안 2321호를 만장일치로 채택했다. 하지만 기존 대북 제재안에 몇 가지 사항만 추가한 결의안에 큰 효과를 기대하기 어렵고 중국이 얼마나 실질적으로 대북제재에 동참할지도 여전히 미지수다. 그로부터 8개월 전인 2016년 1월 이루어진 4차 핵 실험 이후에도 사상 최고 수준이라던 대북 제재가 실행됐지만 5차 핵 실험을 막기는커녕 핵 실험이 오히려 더 빨리 발생하지 않았던가.

북한의 핵 개발을 막을 마땅한 방법이 없으니 미국이나 중국에서는 북한을 '실질적인 핵국가'로 인정하고 비핵화를 계속 주장하기보다 핵을 '관리'하는 것에 초점을 두자는 현실론이 힘을 얻고 있다. 북한의 핵시설을 시찰한 바 있는 스탠퍼드 대학의 지그프리트 헤커 박사가 주장하는 '3NO' 정책 역시 북한을 실질적인 핵 보유국으로 인정한 안이다. 3NO란 'no more bombs, no better bombs, no exports'의 줄임말로, 북한이 더이상 새로운 핵을 만들지 못하게 하고, 더이상 성능 좋은 핵을 개발하지 못하게 하며, 핵무기가 타국으로 유출되는 것을 막자는 주장이다. 북한이 스스로 몇 년 전 개정한 헌법에 '핵 보유국'임을 명시하고 있는 상황에서 페리 프로세스를 주도했던 페리 전 장관도 2016년 10월 한겨레와의 인터뷰에서 이제는 미국이 3NO 정책을 가장 현실적인 대안으로 고려할 때가 되었다고 주장한 바 있다. 중국에서도 비슷한 주장이 나오고 있는 상황이다. 하지만 한국 정부는 그동안 "북핵을 용인할 수 없다"며 '국제공조를 통한 대북 제재'라는 원칙만 반복해왔다.

안타깝게도 북핵 문제를 다룰 마땅한 틀이나 대응방안이 없는 지금 상황에서 미국이나 중국이 북핵 '관리'를 넘어 '해결'에 적극적일 가능성도 적다. 6자회담은 2006년 9·19 공동성명을 발표한 이후 다시 열리지 않았고 이에 기대를 거는 사람도 거의 없다. 미국은 산적한 외교안보 현안들로 북핵 문제에 집중하기 어려울 뿐 아니라 풀리지 않는 문제에 피로감을 호소하고 있다. 중국도 북핵은 원치 않으나 북한이 가진 전략적 가치 또한 외면할 수 없는 상황이다.

국내에서는 미국과 중국이 좀더 리더십을 발휘해 북핵 문제 해결과 한반도 안보 상황을 풀어가길 바라는 목소리가 여전히 크다. 미국을 방문하는 한국 인사들도 대부분 미국이 좀더 적극적인 역할을 해야 한다고 목소리를 높인다. 하지만 당분간 미국이나 중국이 뭔가 다른 새로운 대북 정책을 내놓을 가능성은 희박하다. 트럼프 행정부는 '최대 압박, 최대 관여'라는 대북 정책 기조를 발표했지만 자세히 살펴보면 그 본질은 오바마 행정부의 '전략적 인내'와 별다를 바 없고 중국의 역할을 강조하는 점에서도 큰 차이가 없다. 중국으로서도 북한의 비핵화보다 한반도 안정을 우선시하는 현재 입장을 바꿀 결정적인 이유가 없다. 중국은 미국이나 한국이 북핵 문제에서 중국을 압박하는 데 불만이 크다. 미국과 중국 간의 '빅딜'설이 나오기도 하지만 아직은 아이디어 차원에 불과하고 이는 북핵 문제 해결이 그만큼 어렵다는 좌절감의 방증이기도 하다.

한국이 나서야 한다

결국 한국이 나서야 한다. 한반도에 긴장이 고조되면 가장 큰 영향을 받는 것은 미국도 중국도 아닌 한국이다. 또 국제사회에서 위상이 높아짐에 따라 한국이 대북 정책에서 좀더 리더십을 발휘해주길 바라는 국제 여론도 높다. 북한 문제는 그 누구의 문제도 아닌 한국, 한국인의 문제라는 인식이 필요하다.

2차 북핵 위기가 불거진 이후 10여 년 동안 북핵 문제와 관련해 수많은 사람을 만나고 이를 주제로 수많은 회의를 했다. 스탠퍼드에서뿐 아니라 워싱턴, 서울, 베이징, 도쿄에서도 했고 북한 고위관료들도 만났다. 하지만 페리 장관을 비롯해 미국 내 정책 베테랑들조차 현 상황에 답답해하고 안타까워할 뿐 마땅한 해결책이 없어 한숨만 쉬고 있다. 더이상 이런 회의를 해서 뭐 하겠냐는 회의론까지 나오고 있다. 단지 한 가지 공감대가 형성된 것이 있다면 이제 북핵 문제는 미국이나 중국의 문제라기보다는 한국의 문제이며 북핵 문제 해결을 위해 한국이 좀더 적극적으로 나서야 한다는 것이다. 지난 20년간 북핵 문제를 다뤄오면서 같은 상황이 반복되다보니, 엄밀한 의미에서 제3자인 미국이나 중국은 지쳐 있으며, 이젠 한국이 나서서 돌파구를 마련해주길 바라는 것이다.

실제로 그간 한국은 북핵 문제 해결을 위해 선두에 나선 적이 별로 없다. 1994년 1차 북핵 위기 때는 북미 간 협상을 옆에서 지켜

봐야 했고, 김영삼 정부는 한국이 소외된 것에 대해 불만을 나타냈다. 통미봉남通美封南, 즉 '한국 왕따론'이 현실로 나타났던 것이다. 2002년 이후 불거진 2차 위기로 미국이 중국을 내세워 6자회담을 추진할 때도 한국은 주도적 역할을 하지 못했다. 이명박 정부에 이어 박근혜 정부는 유엔 등 국제사회의 대북 압박 정책을 주도적으로 밀어붙였지만 북한과 강대강 대치 국면을 강화하는 결과만 낳고 사드 문제 등으로 중국과의 갈등만 키웠다.

그나마 한국이 적극적인 역할을 한 것은 클린턴 행정부의 페리 프로세스에서 페리 장관의 한국 측 파트너를 맡았던 임동원 대통령 특보 시절을 꼽을 수 있을 것이다. 임동원 전 장관은 김대중 정부에서 통일부 장관과 국가정보원장을 역임했으며 자타가 공인하는 '햇볕 정책 전도사'다. 페리는 국방부 장관이던 1994년 여름에 영변 핵시설 폭격을 주장할 정도로 원래 대북 강경론자였다. 하지만 임동원은 왜 현시점에서 대북 압박보다는 북미 관계 개선 등 대북 포용 정책이 더 효과적인지 설득력 있게 전개해 페리를 대화론자로 바꿔놓았다. 페리는 나에게도 직접 임동원의 역할에 대해 종종 높이 평가하며 페리 프로세스가 사실은 '임동원 프로세스'라고 말하기도 했다.

미국과 같은 강대국을 설득하기란 당연히 쉽지 않다. 하지만 지금처럼 미국이 북한 문제에 지쳐 있을 때 한국이 좋은 방안을 모색해 설득하면 충분히 가능성이 있다고 본다. 특히 트럼프와 그의 주요 참모진은 워싱턴의 '아웃사이더'로, 북한에 대한 불신으로 가득 찬 '벨트웨이Beltway, 미국 워싱턴 D.C.를 부르는 별명'의 고정관념에 빠져 있지 않기 때문에 선택 방안이 여러 방향으로 열려 있어 한국에는 오히려 기회일 수 있다. 트럼프 대통령이 북한에 대해 혼란스러운 발언을 쏟아내는것은 그만큼 대북 정책에 대한 분명한 방향이나 확신이 없다는 방증이기도 하다. 그의 발언에 일희일비하지 말고 더 늦기 전에 한국이 북핵 해결에 적극 나서야 한다. 한국이 주도권을 갖고 미국, 중국 등의 협조를 얻어 해결책을 찾아야 한다. 북핵은 그 누구도 아닌 한국에 가장 시급하고 거대한 위협이며 시간도 우리 편이 아니다.

남북 관계가 달라지지 않으면 코리아 리스크는 사라지지 않는다

'코리아 리스크'라는 말이 있다. 해외 자본이 한국에 투자할 때 경제적 측면뿐 아니라 한국이 처한 지정학적 상황을 고려해야 한다는 점을 강조하며 쓰는 말이다. 지금처럼 북한이 지속적으로 핵 실험과 미사일 발사를 감행하고 사드 배치 문제로 국내외적으로 긴장과 갈등이 고조되면 코리아 리스크는 커질 수밖에 없다.

한국이 당면하고 있는 외교안보 환경이 얼마나 어렵고 복잡하게 얽혀 있는지 잘 보여주는 사례가 사드 배치를 둘러싼 대내외적 논란이다. 북핵 대처용이라는, 어찌 보면 단순해 보이는 문제가 남남 갈등은 물론 한중, 미중 관계에도 큰 영향을 미치는 형국이다.

사드와 관련된 논란은 시끄럽지만 아주 거칠게 말하자면 사실 사드 자체는 그렇게 요란을 떨 만한 것이 아니다. 제대로 살펴보자면 논란의 핵심을 두 가지로 요약할 수 있다. 첫째, 과연 사드가 북한의 핵 공격을 방어할 수 있는가? 둘째, 사드가 정말 중국의 안보에 위협이 되는가? 전문가마다 의견이 다르긴 하지만 미국에서 보는 전문가들의 견해는 대체로 이렇다. 사드가 고고도에서 미사일을 요격할 수 있어 북한의 핵 공격을 막는 데 도움이 되는 것은 사실이지만 완벽한 해결책은 아니며, 동시에 사드 배치가 중국에 커다란 위협이 되지 않는다는 것이다. 그리고 더 중요한 것은 미국도 중국도 이 사실을 다 알고 있다는 것이다. 그럼 도대체 왜 이 난리란 말인가?

사드 배치를 둘러싼 갈등은 미국과 중국 간의 샅바 싸움 성격이 짙다. 지금 미국과 중국은 아시아 지역 곳곳에서 힘겨루기를 하고 있다. 센카쿠 열도, 남중국해, 한반도가 그 주요 지역이다. 특히 동북아시아 지역에서 목소리를 높이고 있는 중국은 한국을 전통적인 한미 동맹, 더 나아가 한미일 공조 체제에서 좀 떼어놓고 싶은 반면, 미국은 그 영향력을 지속하고 싶어한다. 더구나 중국은 북한 체제의 붕괴나 급격한 변화를 원하지 않는다. 앞에서 논의했듯이 중국이 북한을 놓지 못하는 것은 북한을 좋아해서가 아니다. 미중 관계와 동북아시아에서 북한이 가진 전략적 가치 때문이다. 북한의 핵무장을 원하진 않지만 북한 체제의 붕괴는 더 좌시할 수 없는 나라가 중국이다.

따라서 북한 문제가 커질수록 전략적 이해관계가 다른 미국과 중국은 사사건건 더 부딪칠 수밖에 없고 사드 배치 논란과 같은 일은 앞으로도 반복될 수밖에 없다. 최악의 시나리오에서, 자칫하면 한반도에 또다시 한국, 미국, 일본과 북한, 중국, 러시아가 대치하는 신냉전 구도가 형성될 수 있다. 이러한 환경을 개선하려면 한국이 주도적으로 나서 남북 관계를 개선해야 한다. 북한이 마음에 들고 안 들고의 문제가 아니다. 그것이 냉혹한 국제정치의 현실이다. 시진핑 주석이 김정은 위원장보다 박근혜 대통령을 더 좋아했는지는 모르지만 북한을 쉽게 내칠 수 없는 것이 현실이다. 2016년에 연이어 이루어진 4차, 5차 핵 실험 이후 한국이 대북 압박에 앞장서면서 다른 나라들과의 국제공조를 강조했지만 중국을 비롯한 각 나라마다 전략적 셈법이 달라 공조에는 뚜렷한 한계가 있다.

어차피 남한과 북한은 특수한 관계이고, 북한은 우리가 상식적으로 생각할 수 있는 국가가 아니다. 분단국인 한국으로선 어느 정도 손해를 감수해야 하는 운명일 수도 있다. 설사 북한의 행동이 전적으로 마음에 들지 않더라도 좀더 큰 틀에서 남북 관계 개선을 통해 미중 간 전략적 불신이나 갈등을 줄일 수 있고 한반도에 신냉전 구도가 만들어지는 것을 피할 수 있다면, 한국이 일정 부분 양보하는 것이 크게 보면 유익한 일 아닌가. 북한과 신뢰를 쌓을 수 없다면 차라리 실리라도 택해 코리아 리스크를 관리해야 한다.

특히 북한을 압박하더라도 남북 간 대화는 재개되어야 한다. 제재가 대북 정책의 중요한 수단이 될지언정 목적이 될 수는 없고, 대화 국면으로 들어서는 것이 반드시 유화 정책으로의 전환을 의미하는 것은 아니다. 전쟁시에도 대화 채널은 열어놓는 법이다. 1990년대 말 미국 대북 정책의 중요한 기조가 되었던 페리 프로세스의 전제도 "우리가 원하는 북한이 아닌 있는 그대로의 북한"을 협상 파트너로 인정하는 것이었다. 북한이 못마땅하더라도 현실을 인정하고 있는 그대로의 북한과 대화를 시작해야 하며, 김정은이 아무리 엄청난 폭군이라 하더라도 협상 파트너로 받아들여야 한다. 2000년에는 그나마 남북 관계와 북미 관계가 가장 좋았다. 그 이유는 한국과 미국 모두 김정일을 협상 파트너로 받아들였기 때문이다.

그리고 국론을 모아야 한다. 연구소 동료인 한 중국 전문가는 "중국은 한국 내 여론이 분열되어 있는 포인트를 잘 알고 있으며 이를 활용하고 있다"고 귀띔해주었다. 사드 문제만 하더라도 한국 내에서의 국론이 이 정도로 극과 극을 달리며 날이 서 있지 않았다면 중국이 지금과 같은 압박을 가하지 못했을 것이다.

한반도가 분단된 상태에서 연일 강도가 높아지는 북한의 군사적 위협을 제대로 관리하지 못하면 미중 간 전략적 불신과 갈등은 지속될 것이고 한국은 그 대가를 혹독히 치를 수밖에 없다. 다시 고래 싸움에 등 터지는 새우 신세가 될 수야 없지 않은가.

에필로그

나는 한국 사람들이 정말 걱정스러웠다. 한국에 머문 안식년 기간 동안 늘 바쁜 일에 쫓기며 정작 중요한 것들은 놓치고 살아가는 사람들을 보면서 이 사람들이, 이 사회가 언제까지 버틸 수 있을까 걱정되지 않을 수 없었다. 성공을 위해 슈퍼 네트워크를 만들고 이리저리 뛰지만 삶의 질은 도리어 점점 낮은 데로 향하는 것 같았다. 죽지 않을 만큼 일에 빠져 살지만 삶은 풍요롭지도 행복하지도 않고, 안심하고 마음 터놓을 사람 하나 없이 인간관계는 더욱 피상적으로 변해가는 듯해서 안타까웠다.

각종 통계 수치는 한국의 불행을 경고해온 지 오래다. 2014년 갤럽이 143개국 사람들을 대상으로 실시한 조사에서 한국인들의 행복지수는 100점 만점에 59점으로 143개국 중 118위에 그쳤다. 또한 한국은 10년 넘게 OECD 자살률 1위라는 불명예스러운 자리를 굳건히 지키고 있다. 2015년 OECD 자료에 따르면 한국인들의 평균 수면 시간은 7시간 41분으로 OECD 최하위, 취업자 1인당 평균 노동시간은 2,163시간으로 OECD 2위, 그러나 노동생산성수준은 31.8달러로 OECD 평균인 46.7달러를 크게 밑돌며 28위를 기록했다. 한국보건사회연구원이 1995년부터 2015년까지 매년 5년마다 측정해온 OECD 사회통합지수에서 한국은 30개 조사 대상국 중 29위를 기록하며 '사회적 포용' '사회적 자본' '사회이동' '사회 갈등과 관리' 항목에서 모두 적신호를 보였다.

어디서부터, 무엇부터 잘못된 걸까?

한국은 분명 험로에 서 있다. 지난 수십 년간 압축 성장 과정에서 앞만 보고 달려온 후유증이 아닐까 싶다. 외국인들이 한국에 와서 가장 먼저 배우는 말이 "빨리빨리"라는 얘기는 널리 알려져 있다. 한국인들은 정말 모든 일을 열심히, 빨리 하지만 정작 무엇을 위해 달리고 있는지 의식하고 있을까? 인생에서는 방향과 속도가 모두 중요하겠지만 굳이 따지자면 속도보다는 방향이 더 중요할 것이다. 제2, 제3의 커리어도 고민해야 하는 고령화 사회에서는 더더욱 그럴 것이다.

한국 사회가 직면한 문제들은 결코 만만치 않다. 입시에 목숨 거는 아이들, 실업으로 고통받는 청년들, 과도한 업무와 스트레스로 고통받는 직장인들, 경제난에 시달리는 노인들…… 이제는 빨리 달리는 것보다 옳은 방향으로 달리기, 혼자 달리기보다는 함께 달리기에 집중해야 할 때다. 무조건 파이를 키우는 데만 집중하지 말고 함께 나누면서 키우는 방법을 고민할 때다. 경제적으로는 절대적인 수준 면에서 분명 과거보다 나은 삶을 살고 있는데 삼포세대니 헬조선이니 하는 자기비하적 생각이 만연한 사회는 결코 건전한 사회라고 할 수 없다.

어디로 갈지 가늠해보려면 먼저 가던 길을 멈추고 잠시 지나온 날을 반추할 필요가 있다. 다음 단계로 나아가려면 그런 과정이 꼭 필요하다. 그래야 재충전을 통해 새롭게 도약할 힘을 얻을 수 있으며, 미래를 멀리 내다보는 통찰을 얻을 수 있다. 우리를 감싸고 있는 고정관념에서 벗어나 전혀 다른 생각도 해보고 무엇보다 활짝 열린 마음으로 문제를 다양한 시각에서 바라보는 것이 중요하다.

그동안 한국이 지나온 길을 돌아보며 이제 새로운 도약을 하려면 어떤 과제를 해결해야 하며 어떤 방향으로 가야 할지에 대한 솔직한 내 생각들을 이 책에 담았다. 나는 오래전에 한국을 떠나 재미학자로 살아가고 있지만 태평양 너머 고국을 생각하는 마음에는 늘 변함이 없다. 나의 고민과 생각, 그리고 제안들이 작은 보탬이라도 되었으면 하는 간절한 마음으로 글을 맺는다.

슈퍼피셜 코리아
화려한 한국의 빈곤한 풍경

초판 인쇄 2017년 9월 1일
초판 발행 2017년 9월 8일

지은이 신기욱 | 펴낸이 염현숙
기획·책임편집 구민정 | 편집 이현미 | 독자모니터 김진욱
디자인 김마리 최미영 | 마케팅 이연실 김도윤 | 홍보 김희숙 김상만 이천희
제작 강신은 김동욱 임현식 | 제작처 영신사

펴낸곳 (주)문학동네
출판등록 1993년 10월 22일 제406-2003-000045호
주소 10881 경기도 파주시 회동길 210
전자우편 editor@munhak.com | 대표전화 031)955-8888 | 팩스 031)955-8855
문의전화 031)955-2696(마케팅) 031)955-2671(편집)
문학동네카페 http://cafe.naver.com/mhdn
문학동네트위터 http://twitter.com/munhakdongne

ISBN 978-89-546-4689-5 03300

* 이 도서의 국립중앙도서관 출판예정도서목록(CIP)은 서지정보유통지원시스템 홈페이지(http://seoji.nl.go.kr)와 국가자료공동목록시스템(http://www.nl.go.kr/kolisnet)에서 이용하실 수 있습니다. (CIP제어번호: CIP2017020099)

www.munhak.com